Des Atlas hochberühmte Insel - Eine Fussnote zu Platon

AF200895

Für Inkuba

Herstellung und Verlag:
BoD-Books on Demand, Norderstedt
ISBN: 978-3-7481-7203-1

Es ist am besten, man geht davon aus, Platon habe die Geschichte von «Atlantis» frei erfunden. Vernünftige Leute nehmen es an. Auch ich - soweit ich vernünftig bin. In diesem Buch jedoch weiche ich spielerisch davon ab.

Ich fürchte, die «Atlanter», wo auch immer wir sie suchen, rufen uns zu: Sucht uns woanders! Haut ab!

DIE DROGE

«Atlantis» ist ein Märchen. Man findet es von Platon erzählt - und nur von ihm allein. Allerdings beruft er sich auf vorangehende Erzähler, auf zwei, einen ägyptischen Priester der Neith[1] und auf den Athener Solon, doch es müssen viel mehr gewesen sein, sonst wäre die Kunde nicht bis zu Platon gelangt. Es gab also eine Tradition der Atlantiserzählung in Ägypten und in Athen, doch am Ende gab es nur noch den einen Erzähler, Platon. Unseres Wissens hatte keiner der anderen Erzähler ein Schriftstück über Atlantis hinterlassen.

Es kann also sein, dass Platon schlicht alles erfunden hat, was er in seinen Dialogen *Kritias* und *Timaios* über «Atlantis» schreibt. Das wäre übrigens weiter nicht schlimm. Wir leben seit 2'400 Jahren mit dieser Vermutung und haben überlebt. Man kann also auch sinnvoll von fernen Vergangenheiten reden, *ohne* dass man «Atlantis» bemüht.

Das Ende der letzten Eiszeit liegt etwa zehntausend Jahre zurück, wobei es natürlich nicht scharf, sondern ziemlich verwischt war, je nachdem, wo man damals gerade gejagt und überwintert hat.

Damals gab es keine Zivilisation im engeren Sinn, nicht einmal im Nahen Osten. Es gab noch keine Ägypter, keine Athener, keinen Pharao,

---

[1] Wenn man die in diesem Buch vertretene These akzeptiert, dass in «Atlantis» ein - bedeutungsvoll modifizierter - Kult um die Grosse Göttin gepflegt wurde, dann war Sais der im alten Ägypten theologisch korrekte Ort für die Bewahrung der im Atlantisbericht geschilderten Ereignisse. Neith, deren Schrein in Sais lag, ist die Grosse Göttin, die Schöpferin der Welt, die Kriegs- und Jagdgöttin.

keine Säulen des Herakles. Es existierten auch noch gar keine Städte. Geschweige denn, dass schon damals irgendein Verrückter einen Kanal gegraben hätte!

Die Zivilisation begann ziemlich weit südlich von der letzten Eiskante, erst etwa um fünftausend vor der Zeit, und sie begann nicht abrupt, sondern sachte.

Zivilisation ist etwas sehr Junges, vergleicht man sie mit dem Alter des modernen Menschen, der lediglich – wenn wir generös sein wollen - etwa hunderttausend Jahre alt ist. Das ist ein Klacks, verglichen mit dem Alter der uns umgebenden Fauna und Flora. Die Zivilisation ist etwas so Junges, dass man sie noch nicht als erprobt bezeichnen kann. Sie ist ein wilder Versuch, der auf geografische und klimatische Rahmenbedingungen zurückgeht, die über einige tausend Jahre – eine lächerliche Zeitspanne - relativ stabil geblieben sind. Möglicherweise werden sie jetzt wieder instabil, und die Zivilisation könnte schon bald wieder verschwinden, wie sie gekommen ist.

Auf jeden Fall erscheinen jene sogenannten Völker, denen die Zivilisation irgendwie gelang, durch sie inzwischen arg in Mitleidenschaft gezogen, und es ist mehr als unsicher, ob sie ihre Erfindung überdauern werden, oder ob diese sie überdauern kann. Das muss erst noch in aller Breite und Tiefe erfahren werden. Auf das Geschwafel der zeitaktuellen, sich selber – und erst seit wenigen Jahrzehnten - «aufgeklärt» nennenden Wissenschaft ist hier überhaupt kein Verlass. Wer auf Nummer sicher gehen will, muss sich alle Optionen offenhalten. Die Lage ist nicht viel anders als am Ende der letzten Eiszeit. Sich frühzeitig auf irgendeine Theorie festzulegen, kann nur allzu schnell den eigenen Untergang zur Folge haben.

Im Umgang mit der Erzählung von «Atlantis» hat sich im Übrigen herausgestellt, *dass das Thema die Wirkung einer halluzinogenen Droge hat.*

Wer sich mit «Atlantis» beschäftigt, findet es auch. Wer auch immer diese Droge einnimmt, gerät fast augenblicklich in geistige Verwirrung. Fast sofort wird er zum funktionellen Analphabeten, der die einfachsten Sätze, die er im Bericht Platons liest, nicht mehr versteht. Sein Geist schwebt davon, er fängt an zu «sehen», was im Text gar nicht steht, und er «übersieht», was seine Augen lesen. Von Anfang an weiss er, dass das, was er liest, völlig falsch ist, denn er sieht ganz klar vor dem inneren Auge die «Wahrheit über Atlantis», die sich mit den Wunschvorstellungen seines Unbewussten radikal deckt. Er gerät in eine Art Trance oder Verzückung. Ergriffen durch seine Psychose, zeigt er mit dem ausgestreckten Finger auf genau jenen Punkt der Geografie dieser Welt, von dem er zu wissen glaubt, dass er ein Mysterium berge. Er findet den Nabel der Welt in seinem Unbewussten und erkennt nun, dass nur er «Atlantis» sein kann. Die Droge hat er längst verstoffwechselt, jetzt schwebt er in den sieben Sphären der Hellsichtigkeit und diktiert die wahre Geschichte von «Atlantis», die Platon der Welt verschwiegen habe, um uns alle zu verwirren. Er habe in Sätzen geschrieben, die nichts bedeuten, wenn man sie bloss als Sätze liest. Doch könne man das gar nicht. Niemand könne diese Sätze *einfach so* lesen.

Doch selbst die Verrückten wüssten nichts von «Atlantis», hätte es den Platon nicht gegeben. An ihm führt in Bezug auf dieses Thema nichts vorbei.

Das Fatale am Märchen von «Atlantis» ist, dass es die Schwachköpfe anzieht wie das Licht die Motten, und dass sie zu schwafeln und zu tirilieren anfangen, sobald sie das Wort «Atlantis» auch nur hören, als segelten sie an der Sireneninsel Homers vorbei. Die einen sehen es unter dem Eis der Antarktis liegen, das dort seit Jahrmillionen auf ihm lastet und es wohl inzwischen zu Staub zerquetscht hat. Die anderen wissen es in einer anderen Galaxie und wollen mit den Klingonen telefoniert haben. Wieder andere wissen ganz genau, dass es tausend Meter unter der Wasseroberfläche liegt, irgendwo, im Atlantik, im Bermuda-Dreieck, zwischen Zypern und dem Libanon, vor Japan, am Nordpol. Und es gibt solche, die meinen, es liege in der Sahara, Sand sei Wasser, Wasser sei Sand. Hokuspokus und Abrakadabra. Die Atlanter seien ein Volk in einer anderen Dimension, halluzinieren wiederum andere, sie guckten gerade jetzt uns dabei zu, wie wir uns anschicken, das Klima zu verändern, wovon sie – lächelnd - schon immer gewusst haben. Atlanter flögen regelmässig über den Himmel, landeten in Nazca auf dem intergalaktischen Flugplatz der Prähistorie. Sie besässen sechs Finger und riesige Augen, trügen Helme mit Antennen und vernaschten gerne irdische Weibchen. Man habe sie Götter genannt. Und sie seien auch die Urväter der Pharaonen, die Pyramiden seien ihr Werk. Möglicherweise habe selbst Moses die Tafeln mit den Zehn Geboten von einem vorbeirasenden Atlanter ausgehändigt bekommen, der Ballast loswerden musste, um zurückkehren zu können in die Stadt aus Kristall hinter den Bergen mit den sieben Zwergen.

Das Rauschgift «Atlantis» ist besser als LSD. Es hat den Vorteil, dass es legal konsumiert werden kann und dreckbillig ist. Seine Wirkung auf den Intellekt aber ist durchschlagend.

Nun liegt hier also wieder eine neue Theorie auf dem Tisch. *Ein Irrer mehr*, werden die Eingeweihten murmeln. Sie haben völlig recht.

Atlantis, so meine schliessliche Erkenntnis, kann – im Widerspruch zu aller Vernunft – nur *gefunden* werden. Suchen lässt es sich nicht. Und jedes gefundene Atlantis sieht anders aus, verständlicherweise. Wie nahe es dem platonischen Original kommt, kann nur die metikulöse Lektüre Platons klären. Das Original jedoch geniesst den zweifelhaften Vorzug, seit über dreitausend Jahren von keinem Sterblichen mehr, Platon inklusive, gesehen worden zu sein. Und ob jene, die als erste von Atlantis erzählten, tatsächlich von dort waren, hat man nicht überprüfen können, auch nicht jene Ägypter, deren Bericht in einem der Tempel zu Sais verwahrt wurde. Wie Platon wusste, war es für einen Griechen seiner Zeit nur zu einfach, einen Bericht aus Ägypten für den Leser zu fingieren.

Das einzige, was wir heute tun können, ist Platon genau zu lesen und uns dazu einigermassen vernünftige Überlegungen zu gestatten, die wir mit Dingen verbinden, die spekulativ sind, die aber in jener fernen Zeit möglicherweise eine Bedeutung für die Menschen dort gehabt haben könnten. Wenn wir falsch liegen, sind wir in bester Gesellschaft. Sollten wir richtig liegen, verdanken wir es nur der Göttin des Glücks.

EIN ANFANG

Es begab sich im Winter des Jahres 19**, als ich in einer Kopenhagener Kneipe sass, in der Nähe vom Kongens Nytorv, meinen Geist in Weisswein badend, als mir urplötzlich und aus dem Nichts die Gnade von «Atlantis» zuteilwurde. Die Eingebung brachte mich auf der Stelle ausser Fassung. Zeitgleich überbrachte man mir – Wunder über Wunder! - einen abgerissenen Zettel, worauf stand, dass mich eine Frau, die vorgab, mich «verwöhnen» zu wollen auffordere, sie über die auf dem Zettel stehende Telefonnummer zu kontaktieren.

Zwei Fliegen auf einen Schlag. Volltreffer. Möglicherweise waren alle meine Probleme gerade jetzt gelöst worden, und meine Neurose war endlich in gute Hände gelangt. Augenblicklich erschien mir meine Existenz nun zuckersüss. Ich war allwissend geworden und wurde auch bereits begehrt. Genau so muss es sein. Ich war auf der richtigen Spur.

Einen Augenblick lang wusste ich jedoch nicht, ob ich mich lieber meiner Vision hingeben sollte, oder doch lieber den Verlockungen eines erotischen Abenteuers, das mir die Unbekannte anbot. Schliesslich brach ich in homerisches Gelächter aus und leerte mein Weinglas in einem Zug. Das ist ja wirklich verrückt, dachte ich, beides.

Wo befand sich jene Sirene? Ich drehte mich um und musterte die Gäste des Restaurants, soweit ich sie von meinem Platz aus zu Gesicht bekam. Schliesslich sah ich ganz hinten in einer Ecke eine «Satanistin», eine Gothica, eine junge Frau in Schwarz, gepierct und mit einer Frisur, die Ähnlichkeiten mit einem Hahnenkamm aufwies. War etwa sie es? Machen solche Frauen solche Dinge? Das konnte ich mir in diesem Moment nicht vorstellen. Huren haben einen anderen Look. Die Frau blickte mich an, ohne zu lächeln. Es wirkte überaus feindselig. Ich trank weiter.

Die Vision, die mich in höchste Erregung versetzt hatte, betraf, was ich in diesem Büchlein auseinandersetzen will. Meine Erfahrung mit der Droge. Gleichzeitig aber will ich versuchen, zu lesen, was da steht bei Platon und nicht zu entschweben. Halluzinieren ja, aber nicht um jeden Preis.

Die Frau in Schwarz war verschwunden. Wer das denn gewesen sei? fragte ich. Sitzt täglich hier, konsumiert Gin, seufzte die Kellnerin. Eine Verrückte? fragte ich. Wer ist denn schon nicht verrückt? erwiderte die Kellnerin vorwurfsvoll, etwa Du? Oh nein, beeilte ich mich einzulenken, ich bin der Verrückteste von allen. Macht sie das oft hier? Die Gäste anschreiben, meinte ich. Die muss sehr verrückt sein.

Es war saukalt draussen, der Asphalt war vereist. Sie stehe auf reifen Männern, sprach sie, die draussen auf mich gewartet hatte, ohne mich erst zu grüssen. Ich sei, was sie heute Nacht brauche. Woher sie das wisse? fragte ich sie amüsiert. Ich solle keine dummen Fragen stellen. Sie erwarte mich an der ***gade 256, vierter Stock, die Haustür sei offen. Ich werde kommen, meinte ich lakonisch. Richtig, tu das, du Idiot, murmelte sie und lief davon. Genau die Richtige! Ich blickte ihr nach. Die hat es begriffen.

Weit war es nicht sonderlich bis zur angegebenen Adresse, ich konnte zu Fuss hin. Als ich die Wohnungstür öffnete, umfing mich ein Moderduft, untermischt mit Anis und Weihrauch. Die Wohnung war gewienert und kahl, sehr spärlich ausstaffiert mit den Devotionalien eines unterirdischen Kults. Farben gab es hier keine. Alle Dinge waren entweder rabenschwarz oder schneeweiss.

Aus der Nähe besehen wirkte sie verlebt und viel älter, als ich gedacht hatte. Und sie erinnerte mich an den berühmten Spruch am Eingang zu Dantes Hölle: *Lasciate ogni speranza, voi ch'entrate!*

Wieso tust du das? fragte ich sie. Wieso tue ich was? fragte sie zurück. Verflucht nochmal, und überhaupt, woher kommst auf du mich? Ich kenne dich, sagte sie eisig. Hast du ein Problem damit? Ich bin überrascht! rief ich. Das ist gut, dass du aufgetaucht bist, meinte sie. Aufgetaucht? In der Hölle, meinst du? Hilf mir! flüsterte sie und fummelte an ihrem Joint. Womit denn? Ich weiss gar nichts! Wie heisst du überhaupt?

Inkuba. Oh ja, das hätte ich mir denken können, rief ich zynisch. Und im richtigen Leben? Was ist das denn? fragte sie und zog am Stumpen, *das richtige Leben?* Hier wohnst du also? versuchte ich es mit einem Themawechsel. Nein, ich wohne nirgends. Ach ja, verzeih die Frage, du bist ja tot. Ich bin ein Geist, sagte sie und zertrat eine Kakerlake, die zwischen meinen Füssen krabbelte. Ich will dich. Ich will mit dir schlafen. Ich bin scharf auf dich. Ich könnte dein Vater sein, meinte ich sarkastisch. Du befiehlst mir? Nein, du befiehlst mir, mit dir zu schlafen. Sei kein Spielverderber, Alter! Wozu bist du sonst hier? Ich habe noch nie mit einem Geist geschlafen. Ich weiss überhaupt nicht, wie das geht! Du schläfst dauernd mit Geistern, widersprach sie mir. Ich sehe es dir an. Ja, sagte ich, du hast recht, ich schlafe mit den Toten.

Sie setzte sich vor mich auf den Boden und rauchte. Setzt dich! Forderte sie mich auf. Ich schlage dir vor, wir begeben uns gemeinsam auf den Weg nach Atlantis, meinte ich und setzte mich neben sie. Es bleibt zwar versunken, taucht aber an jedem beliebigen Ort auf, wenn man nur nach ihm sucht. Es liegt augenblicklich unter Kopenhagen.

Wow! Du spinnst. Genau mein Humor, wenn du so weiterfährst. Dann was? Du kannst aus dem Vollen schöpfen, erwiderte sie beschäftigt und zerdrückte den Joint auf einem Papier. Du bist voll, du bist riesig. Erst über mich, dann in mich, fügte sie an. Ich bin so leer, dass es schmerzt. Ich muss den Eimer kratzen, um ihn zu spüren.

Die Atlantisfrage war jahrhundertelang ein Thema politischer Utopisten und moralisierender Philosophen. Bis heute vermochte niemand zu begreifen, warum Platon von Atlantis berichtet, und warum so ausführlich, was die im Übrigen gänzlich philosophiefremden Details der Anlage angeht.

So eine wie mich hast du noch nie gehabt, meinte Inkuba. Ich hatte immer nur dumme Gänse, erwiderte ich. Ihr liebt Motoren, rief sie und quietschte ein bisschen, ihr liebt Autos. Ihr zeugt, sagte sie. Das überrascht mich jetzt, sagte ich zu ihr, dass du so klug bist. Darf ich fortfahren? Aber ja doch. Ich habe eine sogenannte Freundin, meinte sie abschätzig, eine dumme Ziege – hältst du mir mal das Papier? – die glaubt an ein Atlantis in einer anderen Galaxie. Oh, ja, absolut, beeilte ich mich zuzustimmen. Eine andere Galaxie ist immer gut. Ich liebe andere Galaxien. Wo hast du es her? Von einem Arschloch, das gutes Gras verkauft.

Ginge es nur um Utopisten, Esoteriker und Fantasten – und einige von ihnen gelten sogar als angesehene Wissenschaftler -, wäre das noch nicht besonders alarmierend, ist die Menschheitsgeschichte doch voll von solchen Beispielen. Das fundamentale Problem in Bezug auf Atlantis ist anders gelagert. Inkuba nebelte mich mit dem süsslichen Dampf ein. Probier's! Kannst du nicht einen Moment lang davon ablassen? fragte ich sie gequält. Und du willst mich lieben? Ich liebe dich, Han Solon. Du faselst, kicherte ich. Küss mich, flüsterte sie und formte ihre pechschwarzen Lippen zu einer Mandarine.

Was los ist? Wir sind in Atlantis, erinnerte ich sie. Wo? Wieso erzählst du mir das überhaupt? Du willst, dass ich dich küsse? Ich will, dass du eindringst bis in mein Zentrum. Ich kenne Atlantis, sagte sie mit belegter Stimme, ich sitze jeden Tag auf seinem Klo. Meinst du nicht, wir sollten endlich zur Sache kommen? Siehst du die Sterne? Weisst du, ich bin nie müde. Ich hatte dich unterbrochen. Die Wintersonne über Kopenhagen ist eine Glühbirne, kicherte sie. Tote können nicht schlafen. Eine Zombie? Nein, tot. Und du schläfst nie? Ich bin immer hellwach. Ich habe mir da mit dir was eingebrockt. Einen Lebenden habe ich mir ins Grab geholt, sagte sie und seufzte. Du verstehts nichts von Toten, meinte sie traurig. Ich bin die tote Kleito.

Kleito war die Mutter des Atlas, belehrte ich sie. Hast du jetzt gerade meinen Joint ausgedrückt? Nein, da liegt er. Dann ist er abgebrannt, fand sie, degoutiert. Ich hasse abgebrannte Stumpen. Du fängst an, mich zu hassen, meinte sie. Du liebst nicht, Han Solon. Ich liebe, du nicht. Menschen wie du können nicht lieben. So ist es, so stand es geschrieben. Du bist in der Hölle. Willkommen. Wenn das die Hölle ist, dann gefällt sie mir. Sie ist es, Han Solon. Wie war das mit diesem Nazi? Spanuth? Er war einer, das kannst du mir glauben, sagte sie mit Bestimmtheit. Da magst du recht haben. Aber das bedeutet nichts, denn. Denn was? Er war Pastor. Er schuf sich ein Instrument, das geeignet gewesen wäre, die Hintergründe der in der Bibel erzählten Geschichte Israels und Kanaans neu zu deuten. Dies muss er privatim sicherlich getan haben. Ein Narr, meinte Inkuba.

Die Seekarte der Deutschen Bucht, wo er Atlantis gefunden haben will zeigt, dass eine Insel, wie die von Platon beschriebene, dort nicht möglich war, die eine derart riesige Anlage hätte aufnehmen können. Die Insel hätte im Minimum den grössten der in der folgenden Skizze eingetragenen Kreise aufnehmen müssen, in Wirklichkeit aber noch wesentlich grösser sein müssen, wie wir später erfahren werden. Eine so grosse Insel konnte an dieser Stelle in der Bronzezeit nicht gelegen haben. Man müsste dazu tatsächlich bis ans Ende der letzten Eiszeit zurückgehen.

Aber das heisst nicht, dass der Pastor in vielen Punkten nicht doch recht gehabt haben könnte. Du hebst ab, meinte sie und blickte mich an. Inkuba, ich weiss beim besten Willen nicht, wieso du ausgerechnet mich ausgewählt hast. Dann wäre das ja geklärt, lachte sie.

Sag was! flötete sie und stupste mich an. Habe ich ja gerade. Du hasst diese Geschichte, nicht wahr? Du hasst sie! Du liebst nix, nicht einmal dich selbst. Ein Arschloch bist du. Han Solon, du darfst spielen! Öffne deinen Mund, befahl sie. Sie stiess ihre Zunge tief in meinen Mund und saugte sich fest. Das ist unser Spiel. Du hast recht, es ist Sex, die Welt ist Sex. Hin und her, lächelte Inkuba. Ein Fliessen. Lass es kommen, sagte sie und löschte das Licht.

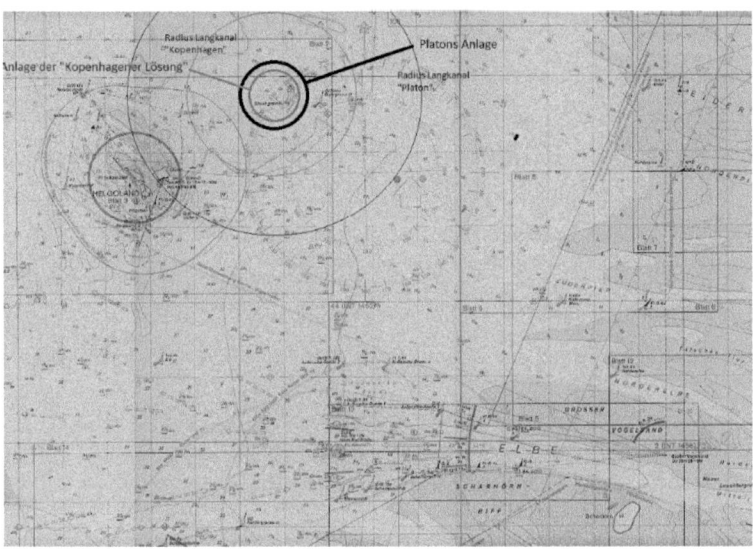

Eines aber hat der Pastor in geradezu überwältigendem Ausmass allen anderen Atlantologen bis heute voraus, er nimmt Platon ernst und liest ihn texttreu. Erst in neuster Zeit suchen auch andere Atlantologen das Ringsystem, *wie Platon es beschrieben hat*. Sie zögerten damit viel zu lange, wegen des Pastors.

Du bist ein Erzähler, meinte sie und blickte mich durch die aufgeklebten Wimpern erloschen an. Sie fing an zu husten. Es klang schrecklich und erinnerte mich an das Husten der Tuberkulösen, das ich in der Klinik als Student gehört hatte. Du hättest mich nicht küssen sollen, murmelte sie, hau ab. Schön wär's, gab ich zurück, ich bleibe. Ich hasse Paare, zischte sie, ich werde nie bei einem Paar mitmachen.

Es war Mittag, als ich sie verliess. Ich hatte Inkuba versprochen, dass ich ihr die Geschichte von Atlantis in Kopenhagen aufschreiben würde. Sie hatte dazu entsetzlich gehustet. Wirst du sie lesen? Den Teufel werde ich tun! Gut, dann schicke ich sie dir, sobald sie fertig ist, grinste ich. Hau endlich ab! rief sie verzweifelt. Ich liebe dich, Inkuba. Sie bewarf mich müde mit einem ihrer schwarzen Stiefel. Du liebst mich auch, konstatierte ich. Ihr glasig-leerer Blick, den sie auf mich warf, enthüllte, dass ich nichts begriff. So ist es, meinte sie leise, so ist es.

DIE LEKTÜRE

Aus Platons Dialog *Kritias*[2]

Wenn ich nun die Geschichte von «Atlantis» erzähle, muss ich – und das ist ganz wichtig - von einer *Insel* reden, und zwar von einer im Meer, keiner Fake-Insel im Sand der Wüste oder sonst im Irgendwo, wie eben auch schon – und das ziemlich - behauptet worden ist. Man muss diesen Umstand leider festhalten, so lächerlich er auch sein mag.

Denn – Kernmerkmal jeder Beschäftigung mit «Atlantis» -, die Wahrscheinlichkeit, dass ich zum Idioten werde, wenn ich mich mit dem Thema beschäftige, folgt einer Funktion mit einer Asymptote, die gegen 100% strebt. Beziehungsweise genauer: Sie *ist* 100%, genau dann, wenn ich «Atlantis» gefunden zu haben meine.

Doch da gibt es auch einen Einwand. Für den Fall nämlich, dass ich «Atlantis» wirklich *finde*, bin ich automatisch ein Held.

Nichts deutet nämlich bei oberflächlicher Lektüre darauf hin, dass Platon die Geschichte von «Atlantis» nicht einfach rundweg erfunden hat. Aus heutiger Sicht ist es ein winziges Detail, nicht der Rede wert, welches uns zweifeln lässt, ob die Erfindung so total war, wie sie zunächst scheint. Dieses Detail betrifft das theologische Kerygma der Geschichte, jene merkwürdige Romanze zwischen Poseidon und der Kleito und die Sache

---

[2] Platon, Timaios und Kritias, Insel, 1991

25

mit deren Abkömmlingen und dem Stein, über den Blut vergossen werden muss.

Was uns Heutigen als Beigemüse erscheint, ist in Wahrheit plötzlich das, was uns bei genauerem Hinsehen dazu verleitet, Platon und Solon am Ende doch ernstzunehmen. Die Priesterschaft zu Sais hat hier etwas berichtetet, das nicht ganz und gar erfunden sein konnte. Es brauchte ein Wissen dazu, das in der Zeit Solons und Platons südlich der Alpen längst abhandengekommen oder transformiert worden war.

Wo die Erzählung Fahrt aufnimmt, da wollen wir nun beginnen.

Die Insel, um die sich alles dreht, liegt im Meer und fällt darum in die Kompetenz des Meergottes. Die Grösse der Insel ist an dieser Stelle noch gar kein Thema. Wir erfahren lediglich, dass in der Mitte der Insel eine Ebene gelegen habe. Sie, die «in der Mitte» der Insel liegt, wird gleichzeitig auch als «am Meere» liegend bezeichnet.

Damit beginnen die Schwierigkeiten. Wie sollen wir das Am-Meere-Liegen verstehen? Wohl zunächst einmal so, wie es die folgende Skizze suggeriert, dass nämlich die Ebene, in der Mitte der Insel liegend, vom Meeresstrand nicht allzu weit entfernt liegen konnte. Auf diese Weise stimmt dann beides: Die Ebene liegt in der Mitte der Insel, und sie liegt gleichzeitig auch «am Meere». Das Gelände – auf der Skizze als Inselrand

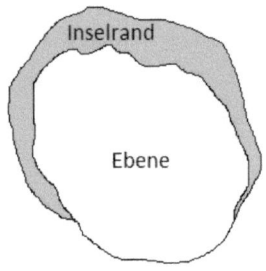

bezeichnet -, welches die Ebene umschloss, kann, folgt man dieser Überlegung, grundsätzlich nicht sonderlich ausgedehnt gewesen sein.

Als Nächstes erfahren wir, dass «am Rande» dieser Ebene, etwa 50 Stadien gegen das Inselinnere zu (ca. 9 km), ein «niedriges Gebirge» - eine Anhöhe, wie es später heisst (einige Übersetzungen sprechen von einem Hügel) – gelegen habe.

Die unterschiedlichen Übersetzungen des platonischen Texts zeigen, dass mit Berg, womit diese Erhebung übersetzt worden ist, nicht nur kein solcher im Sinne unserer eigenen Berge gemeint sein will, sondern nur eine Anhöhe, ein Hügel. Und das wiederum legt nahe, dass auch an späteren Textstellen nur Anhöhen gemeint sein können und keine Berge, die dem Ersterzähler, dem saitischen Priester der Neith, aber als Berge erschienen sein mochten, vielleicht weil das Wort Berg beides bezeichnete, echte Berge *und* blosse Anhöhen. So ist das griechische – wie unser eigenes Wort Berg - mit Burg verwandt, einer geschützten, geborgenen Lokalität, was zuallererst auf einen Hügel, eine Anhäufung von Erde oder Gestein hinweist, die etwas Wertvolles in sich «bergen».

Zu derartigen Deutungen kommen wir später zurück. Sie verweisen auf den landschaftsmythologischen Hintergrund der Bezeichnung einer Erhebung als «Berg», und sei sie noch so unbedeutend. Selbstverständlich galten echte Berge als ganz besondere «Burgen», in denen etwas ungeheuer Machtvolles «geborgen» oder «verborgen» war, das von ebenso mächtigen Wesen betreut und bewacht wird, die man vielerorts Riesen, Trolle oder Zwerge nannte, je nachdem, welche Aufgabe ihnen in der Vorstellung der Menschen zukam.

Im Zusammenhang mit der Topografie der Insel des Atlas kann das Wort «Berg» nun bedeuten, dass diese Berge *Dünen* waren, dass die Insel von *Dünen* umgeben war, den «grössten und schönsten» weit und breit.

Dünen werden bis zu hundert Meter hoch und zeigen eine ununterbrochene, gebirgskettenähnliche Silhouette. Wer solche Küstenlinien aus eigener Erfahrung kennt, weiss, dass sie aus der Ferne aussehen wie Gebirgsketten, aus der Nähe besehen hingegen lediglich Hügelcharakter aufweisen.

Es kann auch sein, dass jene Berge, von denen der saitische Priester dem Solon berichtete, die die «schönsten und grössten» weit und breit gewesen sein sollen, viel weiter weg liegen und mit der Insel selbst gar nichts zu tun haben, denn – wie wir noch sehen werden – lassen sich nicht alle Angaben Platons auf die Insel beziehen, die er mit «Atlantis» bezeichnet. Einiges trifft nur auf ein viel grösseres Gebiet zu, das ebenfalls als «Atlantis» gilt und das – wie der Text ausführt - zahlreiche weitere Inseln und «Teile des Festlandes» umfasst haben soll. Jene Berge könnten also je nachdem echte Gebirge gewesen sein, die weit von der Insel entfernt aufragten, zum Herrschaftsgebiet der «Atlantiden» gehörend, beziehungsweise dieses begrenzend. Es kann sich auch um eine Hügellandschaft gehandelt haben, weder um Dünen, noch um eigentliche Gebirge. All das gehört zu den Möglichkeiten bei der Auslegung des platonischen Textes.

Am Rande der Ebene habe nun eine separate Anhöhe gelegen, etwa 50 Stadion vom Meer entfernt. Sie lag einerseits «am Rande» der Ebene,

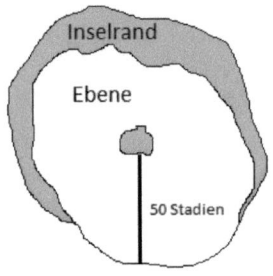

andererseits 50 Stadien von diesem Rand, wo er mit der Küste identisch gewesen sein muss, entfernt. Hier beginnen weitere Schwierigkeiten.

Würde die obige Skizze die Situation *unzutreffend* wiedergeben, dann läge die separate Anhöhe dort, wo sich die jene Ebene begrenzenden Höhen befinden (also am Inselrand) und wäre mit diesen Höhen weitgehend identisch, bzw. spränge aus deren Hügelzug in die Ebene hinaus vor. Hätte diesfalls Platon aber nicht darauf hinweisen müssen, dass die Ebene an dieser Stelle (und überhaupt) nur 50 Stadien breit war? Denn so wären ja dann die Fakten, wenn wir Platons Wortlaut an der zitierten Stelle folgen. Da er solches aber nicht geschrieben hat, nehmen wir wie selbstverständlich an, dass die obige Skizze die Lage korrekt wiedergebe.

Damit sind die Probleme aber noch nicht ausgeräumt. Es heisst da nämlich, «etwa 50 Stadien gegen das Innere der Insel zu», was uns glauben machen muss, dass *entweder* das Hinterland (der Inselrand) der an den Rand der Ebene gesetzten Anhöhe (was wir in der Skizze verwerfen) ausgedehnter gewesen sein muss als auf der Gegenseite, als dort, wo die Distanz zum Meer 50 Stadien betragen hat, *oder* aber wir interpretieren das «am Rande dieser Ebene» anders, nämlich so, dass die separate Anhöhe zwar 50 Stadien gegen das Innere der Insel zu gelegen hat, dass sie jedoch nicht am Gegenrand der Ebene als eine Subformation des dortigen Hügelgeländes aufzufassen ist, sondern als mitten in der Ebene selbst liegend. Das sagt Platon zwar nicht, doch wir halten uns für berechtigt, die Anhöhe ihrerseits als einen der Ränder der Ebene zu interpretieren, die sich *um sie herum* ausgedehnt habe. Denn von rund herum gesehen, bildete diese Anhöhe ja gewissermassen den inneren Rand der Ebene.

Die Angabe 50 Stadien kann ja auch nicht gut auf einen anderen bestimmten Punkt der Insel, als auf die generelle Distanz zwischen dem äusseren Rand der Ebene und ihrem inneren – eben jener Anhöhe - bezogen werden. Das heisst aber natürlich nicht, dass die Ebene deshalb um diese Höhe herum gelegen habe.

Im Gegensatz zum eben Ausgeführten können wir aber mit Fug auch behaupten – ja sogar mit noch weit grösserem Recht -, Platon habe mit seiner Aussage den wahren Sachverhalt korrekt abgebildet, dass nämlich diese Anhöhe 50 Stadien vom Meere entfernt *und zugleich am «Rande der Ebene»* lag, dass es sich aber eben nicht so verhielt, dass sich die Ebene vollständig (50 Stadien breit) um diese Anhöhe herum ausdehnte, wie das unsere Skizze suggeriert. Vielmehr habe hinter dieser Anhöhe das hügelige Gelände begonnen, das wir in der Skizze den Inselrand nennen, das lediglich durch das von Platon später erwähnte Wasserringsystem der atlantischen Kultanlage von der Anhöhe getrennt war.

Die folgende Skizze zeigt, wie unsere Insel gemäss dieser zweiten Lesart ausgesehen haben könnte. Die Ebene dehnt sich zwar um die erwähnte Anhöhe herum aus, jedoch asymmetrisch insofern, als die Anhöhe in der Nähe die Hügelzone lag. Die Insel selbst, die sich hinter jener Hügelzone erst so richtig ausdehnte, und die vermutlich grösstenteils auch andernorts hügelig gewesen ist, weil sich andere Ebenen bei Platon für sie nicht erwähnt finden, kann letztlich von beliebiger Grösse gewesen sein. Einzig das bereits genannte Merkmal, dass die Ebene in der «Mitte» der Insel gelegen habe, muss erfüllt sein. Diese Mittelposition ist jedoch, wie wir sehen, *nicht zwingend* so zu verstehen, dass sie gleichsam konzentrisch (leicht exzentrisch wie in der ersten Skizze) deren Mitte ausmachte. Sie könnte auch so «in der Mitte» gelegen haben, dass die Insel – wie in der nächstfolgenden Skizze rechts dargestellt – auch ganz anders ausgesehen haben könnte, als man gemeinhin vermutet.

Die oben offerierten Inselvarianten sind an dieser Stelle beliebig variierbar. Ein Berichterstatter würde bei allen skizzierten Umrissen in Bezug auf die Ebene als von einer Lage etwa in der Mitte der Insel liegend sprechen, nachdem er ja bereits klargestellt hat, dass die Ebene ihrerseits (zumindest an einer Stelle) direkt an die Küste stiess. Seine Angabe, dass die Anhöhe 50 Stadien von der Küste gegen das Innere zu gelegen habe, wäre bei allen Varianten erfüllt.

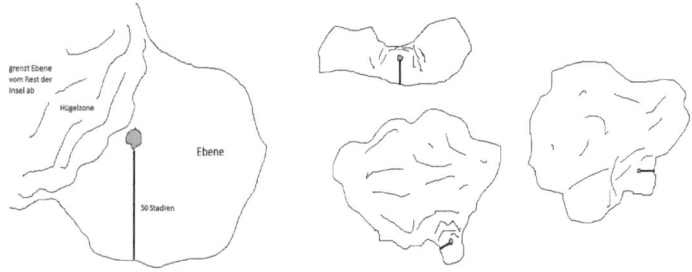

Schliesslich wird uns von Platon eröffnet, dass Poseidon die Anhöhe am Rande der Ebene, die 50 Stadien vom Meer entfernt lag, für Menschen unzugänglich machte, indem er sie «rundherum abbrach» und mit drei Wasserringen, deren äussere natürlicherweise von zwei Landringen voneinander getrennt waren, zu einer eigenen kleinen Insel umarbeitete. Man beachte, dass diese Ringe als einigermassen konzentrisch charakterisiert werden, sie wurden «von der Mitte der Insel aus ringsum» abgezirkelt, wobei hier mit «Insel» nun die ehemalige Anhöhe gemeint ist. Es wird aber an dieser Stelle nicht ausgesagt, dass die Wasserringe miteinander über Verbindungskanäle kommuniziert hätten.

Wir müssen an dieser Stelle genau festhalten, was Platon über die Ursache dieser Wasserringe schreibt. Er schreibt nicht, sie seien von Menschenhand erschaffen worden. Er sagt auch nicht, sie seien *geometrisch* konzentrisch und damit im klassischen Sinne «präzis» geformt gewesen. Urheber der Ringe war ein Gott, der Gott des Wassers, des Meeres, des Windes und der Kraft. Damit verbunden ist die Prämisse, dass ein solcher Schöpfungsakt «vor der Zeit», in «uralter Zeit» geschehen sein muss, denn nie hat ein Mensch gesehen, wie Götter ihre Werke eigenhändig erschaffen. So wird der spätere Untergang der atlantischen Anlage dann auch nicht Poseidon direkt zugeschrieben, sondern einem Sturm, einer Flut, den Wassermassen selbst, über die er herrscht. Nur in grauster Vorzeit

31

trat er eigenhändig auf den Plan, damals, als die «ersten Menschen» lebten, von denen die Sage spricht.

Daraus ergibt sich – wie in der folgenden Skizze - das Bild einer Anhöhe in Gestalt einer Binneninsel im Naturzustand, lange bevor der Mensch in diese Topografie eingreifen konnte. Nur das entspricht dem platonischen Bericht wirklich. Nicht die Menschen haben die Ringe geschaffen, sie haben sie später nur benutzt und möglicherweise begradigt und befestigt. Nur der Erschliessungskanal war ein Werk des Menschen in Bezug auf das Wassersystem um jene Insel auf der Insel. Doch dazu kommen wir später.

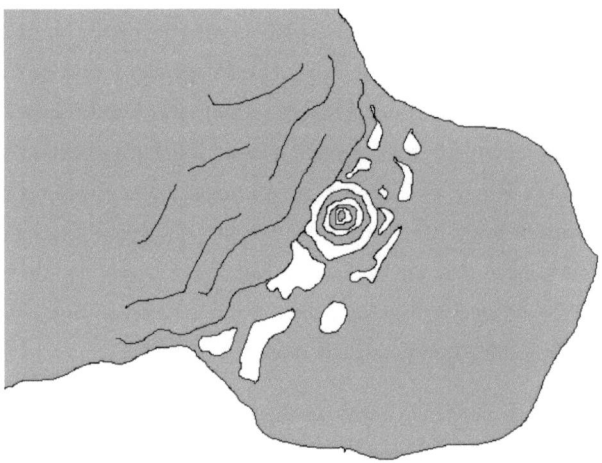

Betrachten wir die Skizze unvoreingenommen, mögen wir vielleicht erkennen, wie dieser Schöpfungsakt Poseidons, naturalistisch gesehen, abgelaufen sein muss. Die Skizze suggeriert, dass zwischen den Hügeln der grossen Insel und der Ebene möglicherweise eine Verlandungszone lag, welche die Ebene, die uranfänglich eine eigenständige Insel war, an den Rest der Insel angeschlossen hat. Ein Prozess, der Jahrhunderte benötigt haben muss. Durch die unermüdliche Arbeit des Meeres - durch

Poseidons Wirken – wurde hier Sediment um Sediment angelagert. Dabei ergab sich - als Laune der Natur, dem Willen des Gottes -, dass ein zwischen der Ebene - die anfänglich vielleicht, wie gesagt, eine eigene Insel war - und der grossen, hügeligen Insel gelegenes Inselchen mit eigener Anhöhe – gleichsam ein abgetrennter Hügel der grossen Insel – sukzessive in ein Gewirr von Tümpeln und Verlandungen eingeschlossen wurde, ein Prozess, der zu einem *natürlichen Dreiringsystem* geführt hat – zu Poseidons Werk.

Gerade weil diese natürliche Anlage den Menschen, die diese Gegend viel später erst durchstreiften, bedeutungsvoll und vor allem nützlich erschien, galt sie als Werk eines Höheren und musste auch einen höheren Zweck erfüllen, für den nun die Menschen zuständig waren. Sie erkannten hierin eine Aufgabe, im Rahmen derer sie mit Erde, Himmel und Wasser in einen hermeneutischen Kontakt gerieten, was ihnen eine überregionale Bedeutung verliehen haben muss, und damit verbunden – unverhofft erweise – auch *Macht*. An diesem exquisiten Ort standen Erde, Himmel und Wasser miteinander in Verknüpfung. Indem die Menschen, dies begreifend, in der Anhöhe auf der Zentralinsel diesen Nexus «bargen», machten sie die Anhöhe zu einem Heiligtum der Fruchtbarkeit, des *Innewohnens des Einen im Andern*, zum permanenten Geschlechtsakt, rundum geschützt und doch weithin sichtbar im Licht gezeigt, demonstriert, herausgehoben in den Himmelsraum.

Man erkennt, wie genau Platons Bericht sein kann, wenn man ihm und der Vernunft des Schöpferischen, unvoreingenommen durch den Unsinn der Zeit, konsequent zuhört und das, was sich daraus ergibt, einfach nur nachzeichnet.

Er erwähnt, dass auf jener Anhöhe zwei Quellen, eine warme und eine kalte, gesprudelt hätten. Diese beiden Quellen sind im Übrigen ein Topos, der auch andernorts vorkommt. In Dänemark gibt es – andernorts auch - uralte Sagen, die von einer Insel mit zwei Quellen berichten, davon die eine warm sei. Eine solche Insel soll der Sage nach beispielsweise Eske-holm bei Samsö gewesen sein. Ist Atlantis, wie Platon schreibt, unterge-gangen, so ist nicht anzunehmen, dass auf seinen möglicherweise noch sichtbaren Überresten ausgerechnet jene beiden Quellen erhalten geblie-ben sind. So oder so werden diese Quellen heute verloren sein.

Nun folgte im Kritias-Dialog der Abschnitt B, den wir jedoch erst nach dem Abschnitt C betrachten wollen.

KRITIAS, ABSCHNITT C

Wir erhalten von Platon jetzt genauere Angaben zur Anlage Po-seidons. Die drei vom Gott erschaffenen Wasser- und Erdringe sollen bestimmte Dimensionen gehabt haben. Die Insel in der Mitte (mit An-höhe und den beiden Quellen) habe einen Durchmesser von etwa fünf Stadien gehabt und sei umgeben gewesen von einem Wassergraben von einem Stadion Breite. Der anschliessende Erdring war zwei Stadien breit und von einem ebenso breiten, zweiten Wasserring umgeben. Der äus-serste Erdring und der ihn umgebende Wassergraben hingegen seien beide drei Stadien breit gewesen.

Für die Gesamtanlage errechnet sich ein Durchmesser von 27 Stadien oder annähernd 5 km. *Sie war also ganz einfach riesig.* Wie riesig, werden wir noch sehen. Prähistorische Menschen, die erst knapp der Steinzeit entflo-hen waren - und von denen immer noch viele in dieser lebten - konnten auf gar keinen Fall die Urheber einer solchen Anlage gewesen sein. Nir-gendwo in der ganzen Welt wäre so etwas technisch möglich gewesen.

Doch wissen wir, dass Poseidon diese Anlage erschuf. Naturalistisch gesehen, bedeutet das, dass sie eine bloss «Ungefähre» war, dass sie «in etwa» so ausgesehen haben muss, wie sie beschrieben wird. Die genann-ten Zahlenverhältnisse sind entweder nur ganz ungefähre, oder sie beziehen sich auf jene Anlage, die der Mensch aus den natürlichen Ringgewässern später erst gemacht hat, die Natur umgestaltend, soweit es ihm möglich und dienlich war.

Vom Meer her – natürlich von dessen *nächstgelegenem* Punkt in Bezug auf die «Anhöhe» - habe es durch die Ebene einen rund 30 m (100 Fuss) tiefen Kanal von 90 m Breite gegeben, der bis zum äusseren Wasserring (an anderer Stelle bis zur «Anhöhe» selbst) 9 km (50 Stadien) lang gewesen sei. Dieser Kanal sei durch die Menschen gegraben worden, die später das Gebiet besiedelten. Er gehört somit *nicht* zur poseidonischen Uranlage.

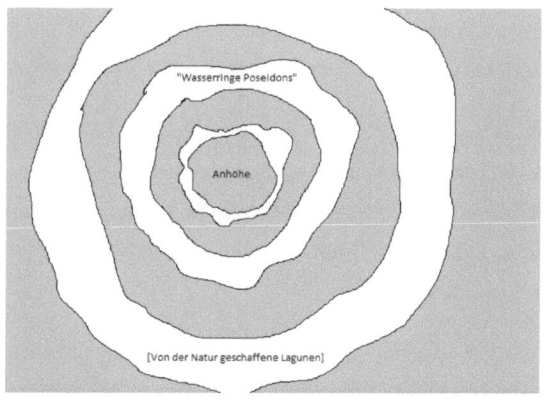

Wie wir uns erinnern, lag die zentrale Anhöhe 50 Stadien vom Rand der Ebene entfernt im Inneren. Wenn der genannte Kanal nun ebenfalls 50 Stadien lang war, kann das die Ebene umkränzende Grenzgelände – in Form eines Dünenzuges oder einer Hügelkette – nur schmal gewesen sein, sonst hätte der Kanal länger sein müssen, da er das Grenzgelände durchstechen musste, was aber im Gegenzug die Ebene wohl verkleinert hätte. Es kann aber auch sein, dass es um diese Ebene mit Ausnahme jenes Teils, an den die Ringanlage anschliesst, keine nennenswerten Erhebungen gab, vor allem nicht, wenn die Ebene einst selbst eine Insel gewesen war, die durch die besprochene Verlandung ein Teil jener viel grösseren Insel wurde, die Hügel trug.

Diesfalls hätte sich ein sie umgebender Hügelring auch gegen die Ringanlage abgehoben, die dann gewissermassen zwischen zwei Hügelzonen eingeklemmt gewesen wäre. Von etwas Derartigem, das auffällig gewesen sein müsste, berichtet Platon nichts.

Nirgendwo im Mittelmeerraum gab es damals eine solche Anlage, und schon gar keine in dieser Grösse. Das vorherrschende konstruktive Merkmal der Anlage ist der Kreis. Kreisförmige Anlagen aus jenen Zeiten sind nur aus westlichen, dem zentralen und dem nördlichen Europa bekannt. Zumeist sind es Wall- und Wasserkreise, Steinkreise, Pfostenkreise, die über Jahrhunderte und Jahrtausende zu Kultzwecken verwendet wurden.

Dass der Atlantniserzähler in Sais eine Anlage beschrieben hat, die nur mit den Kreisanlagen Europas zu vergleichen sein konnte, deutet darauf hin, dass sie eine ganz aussergewöhnliche solche gewesen ist. Gab es sie tatsächlich, dann hat sie unsere moderne Archäologie mit Sicherheit bis heute nicht wiedergefunden.

Was «Atlantis» auszeichnet, war seine Fremdartigkeit in Bezug auf alles, was in griechischer Zeit im Mittelmeerraum bekannt war. Hätte Platon beispielsweise über Hattusa oder Ilion geschrieben, statt über «Atlantis», hätte er es gar nicht eingehender beschrieben. Die Stadtbeschreibung wäre uninteressant gewesen. Die beiden genannten Städte waren auch von ganz anderer Gestalt als «Atlantis». Es waren Städte, wie es sie überall in dieser Weltgegend gab. Interessiert hätte an ihnen nur die militärische Macht, die sie besassen. Diese wäre dem Leser nicht unbedingt grösser erschienen, wenn man ihm die Stadtanlage beschrieb. Für einen solchen Effekt hätte es schon Babylons bedurft. Doch war Babylon gut bekannt und glich «Atlantis» in keiner Weise. Hattusa war bereits untergegangen, glich «Atlantis» aber ebenfalls in keinem einzigen Punkt. Wieso Ilion in

Frage kommen soll, wie Zangger glaubt, bleibt vor dem Tribunal der Vernunft schleierhaft, zumal diese Stadt für jeden Griechen mehr als nur bekannt war.[3] Ein Angriff der Trojaner auf Athen (doch wieso gerade auf Athen?) und auf das märchenhaft reiche und grossmächtige Ägypten der Pharaonen (!) hätte niemand – auch nicht die Göttin der Geschichte - an den griechischen Barden und an Homer vorbeischummeln können. Denn entweder kannten diesen Krieg die Barden und kannte ihn Homer bereits, dann hätten sie ihn gewiss in den allerhöchsten Tönen besungen, ihm gar eigene, epochale Epen gewidmet, oder er fand erst nach Homers Tod und nach dem Aussterben der Rhapsodie statt. Das erste ist widersinnig, das zweite ausgeschlossen.

Das Auffallende an «Atlantis» ist ja im Übrigen auch nicht das Barbarische gewesen, so wie Platon es beschrieb. Es mangelte umgekehrt diesem «Atlantis» auffallend am Barbarischen. Es war vollkommen geometrisch und huldigte der Symmetrie in einem geradezu galoppierenden Ausmass. Ausserdem war es so riesenhaft, wie nur wenige der pharaonischen Stadtanlagen entlang des Nils, deren Geometrie doch überall eine ganz andere war. Wenn man die Stadtanlage von Athen, oder die einer altägyptischen Stadt mit jener von «Atlantis» vergleicht, wird deutlich, dass es sich bei letzterer um etwas grundlegend anderes gehandelt haben muss, als um eine Stadt im engeren Sinn und im Verständnis des kultivierten Griechen oder Ägypters jener Zeit, doch eben auch nicht um pure Barbarei.

Wir haben bereits aufgedeckt, dass die Uranlage von der Natur geschaffen worden sein muss und vom Menschen nur begradigt worden sein kann, dass sie nur minimal befestigt werden musste, um ihrem Zweck

---

[3] Zangger, E., Atlantis. Eine Legende wird entziffert, Droemer Knaur, 1992, u.a. Veröffentlichungen (zu Troja und Atlantis)

zu dienen, Kultstätte zu sein in einer Zeit, in der die Theologie eine Theologie der Erde und des Himmels war, und wo alle Kulte mit dem Kalender und der Fruchtbarkeit von Mensch, Getier und Pflanzenwelt zu tun hatten. Diese Kultstätte wurde zu einem Zentrum des Reichtums und der Macht, aber sie wurde nie zu einer Stadt im engeren Sinn, auch wenn sie teilweise dichter umsiedelt gewesen sein muss, wie Platon an anderer Stelle erwähnt.

Die von Platon erwähnten Kanäle um die zentrale Insel herum waren mit Steinmauern eingefasst, so dass zumindest die oberen Teile der Kanalprofile ausgeschachtet sein mussten, wenn diese Mauern bis ans Wasser gereicht haben sollten, was aber nicht sicher ist.

Dasselbe gilt für die eine Brücke, die grösstenteils als durchbrochener Damm aus Sand und aus Steinen angelegt war. Es ist möglich, dass die Verbauungen der Landringe, wie in der folgenden Zeichnung, das natürliche Lagunensystem als Ringsystem für das Auge einigermassen perfektioniert haben.

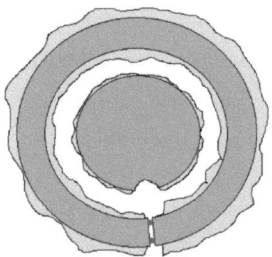

Der Mensch legte seine Befestigungen vielleicht über Poseidons Ringwerk als zwei konzentrische, niedere Deiche. Danach mag er das restliche Umland sukzessive abgegraben haben, so dass sich auch die Wasserringe nachträglich geometrischer ausnahmen. Die Überdachung des Ringdurchstichs macht in ganzer Ringbreite jedoch keinen Sinn. Es wird sich jeweils um eine – vorzugsweise eine auf Höhe der inneren Befestigungsmauer - oder eventuell auch um zwei Brücken auf Höhe der Deiche gehandelt haben, natürlicherweise auf derselben Höhe über Wasser wie die Brücke, die dem Zufahrtskanal entlanglief, da auf diesen Brücken Karrenwege verliefen, die miteinander verbunden sein mussten, weil sie sonst ihren Zweck nicht erfüllen konnten.

Die Wasserringe mussten also nicht ausgeschachtet, kanalisiert werden, da die Mauern grundsätzlich vom Wasser abstanden. Nehmen wir das als wahrscheinlich an, werden wir auch konzedieren müssen, dass die auf diese Weise perfektionierten Ringe nicht kreisrund gewesen sein können. Die ganze Anlage wird einen ovalen, einen elliptischen Charakter aufgewiesen haben, mit «Unwuchten» zwischen den einzelnen Ringen, schon nur deshalb, weil die natürliche, ungefähre Kreisform, wenn perfektioniert, mehr oder weniger zu einem Oval – einer Eiform - wird, sofern nicht ganz exakt abgemessen wird.

Die Zentralinsel konnte vermutlich mit der zur Verfügung stehenden Technik noch kreisrund abgemessen werden, weil es ihr Radius zuliess. Die diese Insel umgebenden Erdringe werden hingegen kaum kreisrund gestaltet gewesen sein, dazu reichten die damaligen Mittel bei den hier vorliegenden Geländedimensionen einfach nicht aus.

Zudem war die Anforderung, präzis kreisrunde Verhältnisse zu schaffen für den Zweck der Anlage überhaupt nicht notwendig. Eiförmige Strukturen zu schaffen war womöglich kultisch sogar wünschenswerter. Notwendig war nur das Ringhafte, Umschlingende der angestrebten Geländeformen, entsprechend dem die Erde umschlingenden Okeanos der Sage, den man sich als Drachen oder Schlange vorstellte. So ergab sich am ehesten eine eischalenförmige Gesamtanlage, die weit von der perfekten Geometrie, wie wir sie uns heute vorstellen, entfernt war.

Alle Atlantismodelle, welche vollkommen kreisrunde Verhältnisse zeigen, die durchgängig exakt das von Platon genannte Zahlenverhältnis einhalten, sind demnach wahrscheinlich irreführend. Weder war eine solche Anlage kultisch erforderlich, noch war sie damals so überhaupt herstellbar. Es mussten hier kein persischer Grosskönig und kein Pharao ihre Macht demonstrieren. Der hier ansässige Herrscher war nur *primus inter pares*, er stand einem genealogischen Bund mehr oder weniger gleichberechtigter Könige vor. Nicht er war das Illustre, sondern die Kultstätte in der Mitte. Sie erforderte keine geometrische, sondern eine mythologische Eindrücklichkeit, die in der Umschlingung von Wasser und Erde bestand, die umso spürbarer wurde, je mehr die einzelnen Ringe gegeneinander «wuchteten». So wurde das Umschlingende - und damit immer auch das «Bergende» - noch spürbarer, und der Charakter des Wassers als mythische Schlange mit ihrem Eigenleben, das die Menschen weder beherrschen konnten noch durften, trat stärker ins Bewusstsein der Gläubigen.

Auch können wir davon ausgehen, dass die Wassertiefen in diesem Ringsystem sehr unterschiedlich gewesen sind, nirgends tief. Die beiden äusseren Wasserringe werden für die damaligen Boote und Schiffe gerade noch rundum schiffbar gewesen sein. Dafür war eine Wassertiefe von einer Mannshöhe nötig, ein *Faden* Tiefe also. An gewissen Stellen mögen es auch zwei oder drei Faden gewesen sein. Der innerste Ring hingegen war gewiss so seicht, dass man ihn nur als Teich bezeichnen konnte. Auf ihm wird man nur mit ganz flachen Booten und mit Einbäumen verkehrt haben, was dem Archaischen der Anlage am nächsten kam. Die Atlanter

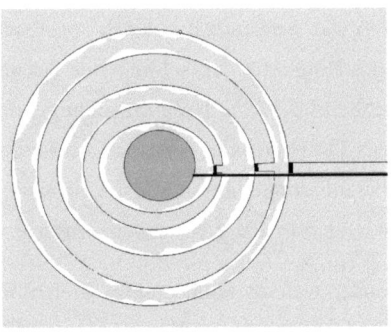

huldigten ja, wie wir noch sehen werden, kultisch der Rückkehr zu archaischen Werkzeugen.

Den Zufahrtskanal, den die Menschen bauten, mit dem sie das Werk Poseidons vervollständigten, lag neben Brücken. Er wird von Platon als auf der «Höhe der Brücken» verlaufend beschrieben. Zu dessen Tiefe werden wir noch Stellung nehmen.

Wenn wir in Betracht ziehen, dass das Steinmaterial für die Mauern von der inneren und äusseren Seite der Erdgürtel und vom Rand der innersten Insel stammte, wie es Platon schildert, liegt es nahe zu vermuten, dass es sich um Gestein gehandelt hat, das lose im Boden gefunden wurde. Es handelte sich um Steinbrüche in relativ flachem Gelände, am Abhang kleinerer Erhebungen beginnend und sich nach unten zu vertiefend, ähnlich unseren heutigen Kiesgruben, und nicht etwa um Steinbrüche in den Flanken von Gebirgen. Man wird hier Bruch- und Feldsteine verschiedener Grösse und Farbe gefördert haben, die man zu Mauern aufschichtete. Mauern, welche die aus Erde bestehenden, oberen Teile der Kanalufer verstärkten und an einige Stellen auch überragten, mit Balken und Pfosten zusätzlich gesichert, ähnlich dem viel späteren Mauerwerk der Kelten.

Zwei «tiefe Becken», welche die Menschen an der «Innenseite» (wovon, wird nicht deutlich) bei der Materialgewinnung ausgehoben haben, seien vom Felsen überdacht gewesen. Man habe sie später als Bootshäuser verwendet. Das werden Aushöhlungen gewesen sein, deren Boden auf Wasserhöhe lang, in die man Boote «bergen» konnte. Es habe in der ganzen Anlage jedoch nur zwei solche Stellen gegeben. An allen anderen Stellen, wo man Steine brach oder hob, entstanden keine Überdachungen.

Dass die geförderten Steine *weiss, rot oder schwarz* gewesen seien, wird in der Beschreibung Platons besonders betont. Diese Farbmischung war für Spanuth übrigens eines der Argumente für seine Helgolandthese, denn dort gab und gibt es bis heute diese drei Gesteinsfarben in rauen Mengen. [4]

Die Art und Weise, wie diese Farben beim Verbauen der Steine gemischt wurden, erregte sowohl in Sais, als auch bei Solon und Platon einiges Aufsehen. Kein griechischer oder ägyptischer Architekt hätte die Idee der beschriebenen Mischung gutgeheissen, Steine unterschiedlicher Farbe durcheinander zu verbauen und dadurch Farbmuster zu erzeugen, die dem Zufall entsprangen.

Hier handelt es sich schon beinahe um eine moderne Designeridee. Dass nicht formale Aspekte, konstruktive Elemente, Gesimse und Stäbe, sondern die Farben der Steine das entscheidende Element darstellten, dass als das Gestaltungsprinzip der Zufall amtierte, muss antiken Menschen des Mediterraneums wunderlich, ja barbarisch erschienen sein. Immerhin ist bei Platon aber die Rede von einer «natürlichen Anmut» der so gestalteten Mauern, was als Bemerkung für die damalige Zeit erstaunt und wohl direkt auf den ursprünglichen Bericht zurückgeht, der den Ägyptern von den Atlantern gegeben worden war.

Natürliche Anmut hatten Menschen oder Tiere, nicht aber Bauten. Dort war die Anmut Folge raffinierter Kunst, niemals aber des Zufalls. Weil die atlantischen Anlagen lange Zeit hindurch in Betrieb waren, ist auch nicht anzunehmen, dass die Verschiedenfarbigkeit der Steine sehr viel mit der Art des Flechtenbefalls oder mit Verwitterungsprozessen zu tun hatte. Es wird ja ausdrücklich mitgeteilt, dass die Steine, die man brach, bereits von unterschiedlicher Farbe gewesen seien.

---

[4] Spanuth, J., Das enträtselte Atlantis, Union Deutsche Verlags-Gesellschaft, 1953, sowie: Spanuth, J., ...Und doch! Atlantis enträtselt! Eine Entgegnung, Union Deutsche Verlags-Gesellschaft, 1955, u.a. Veröffentlichungen

Ich möchte hier zu bedenken geben - was in Bezug auf die von mir versuchte Lokalisation der Anlage nicht unbedeutend ist -, dass überall in Dänemark noch heute Friedhofsummauerungen auf die von Platon geschilderte Weise gestaltet und gebaut werden. Weisse, rote und schwarze Steine werden gemischt verbaut, ohne erkennbares Muster. Das Ergebnis ist in der Tat anmutig, dem Zweck angepasst und wirkt zeitlos. Diese verschiedenfarbigen Steine – die meisten sind faust- bis kürbisgross - werden an vielen Stellen im Land gefunden.

Die Mauerringe, die beidseits um die Erdringe herumliefen, werden im platonischen Bericht als von Metallen überzogen beschrieben. Erz (vermutlich Kupfer) und Zinn werden hier genannt, die Elemente, aus denen die Bronze besteht. Äusserst kostbare Materialien in jener Zeit. Die Mauer der zentralen Insel dagegen sei mit «Oreichalkos» geschmückt gewesen. Über diesem Stoff wird – nicht nur an dieser Textstelle, sondern auch an anderen - gesagt, dass er wie Feuer gefunkelt habe und *heute* – damit ist die *Zeit Solons* gemeint -, «nur noch dem Namen nach bekannt sei».

Oreichalkos muss das neben Gold wertvollste Material der damaligen Zeit gewesen sei, weil sonst wohl nicht die Zentralinsel damit geschmückt worden wäre. Ausserdem muss das Material in «Atlantis» in riesigen Mengen vorgekommen sein. Der Umfang der die zentrale Insel umgebenden Mauer lag bei rund 3 km. Um einen so langen Mauerkreis durchgehend mit einem bestimmten, wertvollen Material zu krönen oder gar ganz zu überziehen, muss das entsprechende Material tonnenweise zur Verfügung gestanden haben. Wir wissen aber nicht, wie diese Krönung, bzw. wie der Überzug der Mauer ausgesehen haben. Platon schreibt darüber nichts. Wenn es ein Überzug war, muss das Material entweder verflüssigt worden sein, um aufgetragen zu werden, oder man hat es zu Plättchen und Platten geschnitten oder gehauen und an die Mauer geheftet.

Die Atlantisgeschichte wird von einem saitischen Priester erzählt. Wir dürfen annehmen, dass das Material, das hier Oreichalkos (Golderz, Schönerz) heisst, dem *Priesterkollegium von Sais* «nur noch dem Namen nach bekannt war». Doch zu schliessen, was vom Namen gilt, gelte auch von der Sache selbst, wäre trugschlüssig. Deshalb ist es möglich, dass das Material «Oreichalkos» in Ägypten damals zwar bekannt war, aber unter einem anderen Namen. Die Priester konnten dem Solon somit nicht erklären, woraus das Material bestanden haben muss, das sie – *faute de mieux* – mit einem Namen bedachten, den der Übersetzer mit *Oreichalkos* gräzisierte. Ein goldenes Material unbekannter Konsistenz, das man sich als ein Erz vorstellte.

Dass das Wort im Neugriechischen *Messing* bedeutet, erlaubt uns nicht den Schluss, dass es schon damals Messing bedeutet habe. Ob es damals überhaupt Messing gab, ist zweifelhaft. Auf keinen Fall gab es irgendwo Messing in der hier nötigen Menge. Da die Zuordnung des Namens Oreichalkos zum Material Messing zu Platons Zeiten aber, respektive zu Zeiten des saitischen Atlantiserzählers, ganz offensichtlich *nicht* bekannt war, wie der Bericht ja belegt, muss sie späteren Datums sein und fallt somit ausser Betracht.

Der Begriff des *Funkelns*, den der Bericht für den Oreichalkos verwendet, ist vor allem auf *transparentes* Material anwendbar, auf Edelsteine, Bernstein oder Glas. Transparenz ist für den Effekt des Funkelns mehr oder weniger Voraussetzung. Intransparente Materialien wie Gold, Messing oder Bronze glänzen oder schimmern.

Wir erfahren an anderer Stelle im Bericht, dass der Oreichalkos damals - zu Zeiten von «Atlantis» - dem Gold an Wert am nächsten gekommen sei. Es war also sehr begehrt und muss entsprechend gehortet worden sein. Auch wird man ihn wie Gold als Tauschmittel verwendet haben. Ihn gegen Gold einzutauschen hätte, angesichts der eher geringen Wertdifferenz, vor allem dann Sinn gemacht, wenn der Oreichalkos Gold gegenüber wesentlich leichter gewesen wäre und daher viel einfacher zu transportieren war. Auf die Wichtigkeit des Gewichtsunterschieds bei annähernd gleichem Tauschwert in so alter Zeit mit ihrer primitiven Logistik kommen wir noch zurück.

Für den Oreichalkos kommt eigentlich nur Bernstein in Frage. In Bezug auf Atlantis ist das eine alte Kontroverse, die vor allen Dingen deswegen erbittert geführt worden ist, um den Pastor von Bordelum auszuhebeln. Spanuth ging konsequent von Bernstein aus. Bernstein war ein Hauptargument für seine Helgo- und Frieslandtheorie. Dass es – zu allen Zeiten - in noch grösseren Mengen im Samland gefunden wurde, dissimulierte er. Bernstein war in jenen Epochen gerade im Mediterraneum ausserordentlich begehrt, demnach überaus wertvoll. Er ist goldfarbig, transparent und funkelt. Zudem ist er sehr leicht und problemlos zu transportieren. Auch lässt er sich so verarbeiten, dass man ihn als einen Lack auftragen kann. Dass diese Technik erst viel später erfunden worden sei, wird zwar behauptet, kann jedoch prinzipiell nicht belegt werden.

Noch in der Zeit der Atlantiserzählung durch den Priester von Sais gab es einen regen Bernsteinhandel zwischen Norden und Süden. Er versiegte erst im Zuge des Peloponnesischen Krieges und der geänderten Ästhetik in der Kunst in den griechisch bestimmten, mediterranen Kulturzentren. Offensichtlich war zu Zeiten von Solons Besuch in Ägypten das atlantische Wort für Bernstein nicht mehr bekannt, obschon immer noch Bernstein in Ägypten eintraf. Dazwischen lagen ja etwa siebenhundert Jahre.

Auf nordischer Seite diente Bernstein wohl vor allem dazu, Metalle und Fertigwaren zu kaufen, während er im Süden als wertvolles Material für Schmuck und Statuen verwendet wurde. Ich erwähnte bereits, dass uns Pausanias berichtet, dass es in einem Tempel in Elis eine Büste Oktavians gab, die ganz aus *Bernstein vom Eridanos* gefertigt gewesen sei, wie ausdrücklich vermerkt wird. Bernstein ist also auch viel später noch verwendet worden, jedoch eher als ein Grundmaterial für Schnitzer, kaum noch als halbfertige oder fertige Schmuckware. Um 500 v. Chr. versiegt der Handel mit Bernstein plötzlich praktisch vollständig, höchstwahrscheinlich wegen Turbulenzen im Mittelmeerraum (Perserkriege, Peloponnesischer Krieg oder zusätzlich wegen eines verheerenden Meteoreinschlags in der Gegend des Chiemsees, wie man heute vermutet).

Bernstein ist aufgrund seines geringen Gewichts leicht in grossen Mengen zu transportieren, weshalb es dem besonders schweren Gold als Rohwährung im Fernhandel vorzuziehen war. Das war überaus wichtig, waren doch die von den damaligen Händlern zurückgelegten Strecken enorm und die Transportmittel, die Schiffe eingeschlossen, nur bedingt tragfähig für grössere Mengen an schwerem Gut.

Bronzezeitliche Bernsteinstrassen sind belegt über die Alpen, über die Flüsse des polnisch-weissrussisch-ukrainischen Stromgebiets bis zum Schwarzen Meer und von dort durch den Bosporus nach Troja, Hellas und in die Levante, aber auch nach Altägypten, nach Hattusa und ins Zweistromland.

Man geht zwar davon aus, dass die Ware von Händler zu Händler weiterverkauft worden sei, doch ist das nicht zwingend überall so gewesen. Es muss viele Händler gegeben haben, die den ganzen Weg mehrfach in ihrem Leben zur Gänze selber zurückgelegt haben, nicht zuletzt, um wirklich an die höchstqualifizierte Endware zu gelangen, oder um spezifische Bestellungen von Königen aufzugeben. Ein Etappensystem, an dem sehr unterschiedlich entwickelte Völker beteiligt waren, wäre in Bezug auf den sensiblen End-zu-End-Auftrag weniger leistungsfähig und vor allem viel unsicherer gewesen. End-zu-End-Geschäfte wurden mit steigendem Luxus im Norden immer wichtiger. Auch die Transportsicherung, wohl durch Kontingente eigener Bewaffneter wurde besser, aber auch kostspieliger. Sicherlich etablierte sich nach einer gewissen Anlaufzeit ein durchgängiger Transport durch dieselben Akteure ohne geschäfts- und mengenrelevante Zwischenverkäufe, neben dem etappierten Handel, der vor allem Felle und Horn aus den skythischen Weiten, und in anderen Fällen – über Venetien und Etrurien – gebrauchsfertige Alltagsware (Keramik, Bronzegegenstände, etc.) zu liefern imstande war.

Dabei verlief der Handel *nach Süden* viel rascher, als der nach Norden, weil die Ware hauptsächlich aus Bernstein und Zinn bestand. Transportmittel waren hauptsächlich das Schiff des Händlers, aber auch berittene Getreue, vor allem, wenn es hauptsächlich um Bernstein und Zinn ging.

Der Transport *nach Norden* war die wahre Aufgabe, für den man überall lokale Helfer und deren Transportmittel (Ochsen, Pferde, Karren und Boote) benötigte und einrechnen musste. Dabei lernten die Zwischenhändler naturgemäss ihre nördlichen Nachbarn besser kennen, als den grossen und reichen Süden, der sich in erster Linie den Haupthändlern aus dem hohen Norden öffnete, die mit ihrer leichten Ware die Lande durchzogen. Damit war verbunden, dass der Norden gute Kenntnisse über den Süden erlangte und viele Nordmänner zumindest einmal in ihrem Leben im Mittelmeerraum gewesen sein müssen, während umgekehrt die Südmänner den Norden nie kennenlernten, sondern lediglich das nächste grössere Transportsegment nach Norden hin, griechische, anatolische und italische Händler, skythische und protokeltische, mit denen sie in Kontakt treten mussten. Der Kenntnisstand in den Kulturzentren des Südens in Bezug auf den hohen Norden war somit tendenziell geringer als umgekehrt. Dass Händler aus diesen südlichen Hochkulturen selbst per Schiff bis in den hohen Norden gelangten, wird die seltene Ausnahme gewesen sein, denn ihre Ware war zu schwer, die Handelsware mengenmässig daher arg eingeschränkt, ihr Erlöswert in Bernstein entsprechend gering. Mit anderen Worten: Rentabel war hauptsächlich der Handel in den Händen der Nordleute, welche den Bernstein und das Zinn transportierten und die etappierte Rücktransportlogistik kontrollierten.

Es ist klar, dass die Nordleute auf ihren Transporten oft überfallen worden sein müssen, da sie die wirklich wertvolle Ware Bernstein und Zinn mit sich trugen. Man dürfte an vielen Orten zwischen Dänemark und dem Schwarzen Meer oder Norditalien aus jener Zeit noch die letzten Zeichen solcher Überfälle im Boden finden, würde man danach suchen. Die Händler aus dem Norden waren sicherlich stets in grösseren und gut bewaffneten Kontingenten unterwegs, mehr Krieger als Händler, wohl bis zu zweihundert Mann in einem Konvoi, und verwendeten Schiffe, wo immer es ging, deren eigene Rudermannschaften sie waren.

Umgekehrt müssen viele der schwer beladenen Schiffe aus dem Mittelmeer während der Überfahrt in Stürmen gesunken sein. Viele der bestellten Waren werden nie im Norden angelangt sein. Hochsensible Ladungen – Bestellungen von Königen und grosse Mengen hochwertiger Bronzeschwerter werden die Nordleute über ihre Niederlassung in Gadeira im eigenen Schiff transportiert haben, eine lange, aber doch sicherere Reise als durch die Urwälder Osteuropas oder über die Alpen. Sie mussten ja, schon um überhaupt eine solche Niederlassung errichten und aufrechterhalten zu können, erfahrene und weitgereiste Seeleute gewesen sein, die den Kurs entlang der Festlandsküsten und deren Bevölkerungen genau kannten. Manche dieser lokalen Bevölkerungen waren wohl Teil des Bundes über ihre Chefs, die eine Abstammungslinie miteinander verband, der auch die Nordleute angehörten.

Solche Überlegungen sind wichtig, wenn die Frage aufkommt, was denn der Norden – unser «Atlantis» also – überhaupt vom Süden wusste, als er, wie Platon berichtet, dahin mit Heeresgewalt aufbrach. Die Antwort ist einfach: alles Nötige. Die Frage dagegen, was der Süden über die Nordleute wusste, als deren Heere vor seinen Städten erschienen, muss so beantwortet werden, dass er in allen Punkten durch die Wirklichkeit überrascht und überrumpelt worden ist. Er wusste vergleichsweise wenig. Das geht aus dem Atlantisbericht Platons auch hervor.

Dass man diese Nordleute im Süden als Völker nicht und nur als Händler kannte, kann nicht als Indiz dafür verwendet werden, dass sie von Solon und Platon erfunden worden sind. Es ist umgekehrt: Ihre Geschichte kann, zumindest in diesem Punkt, nicht ganz und gar erfunden sein.

KRITIAS, ABSCHNITT F

Der Bericht schildert uns nun, dass um die zentrale Ringanlage von rund 4.8 km Durchmesser ein Gürtel von 9 km lag, der seinerseits gegen aussen hin von einer Mauer umgeben war, die sich schloss, «wo der Durchstich zum Meer einmündete». Mit anderen Worten umschloss diese Mauer praktisch die gesamte Ebene, so wie wir sie uns in unserer ersten Variante (siehe oben) vorgestellt haben, in deren geografischer Mitte die heilige Insel Poseidons und der Kleito lag.

Ausserhalb dieser riesigen Umfassungsmauer kann das Küstenvorland, wie wir diskutiert haben, nur noch recht schmal gewesen sein. Unsere Variante 1 suggeriert uns deshalb, dass die Umfassungsmauer eine gegen die Küste zu errichtete Abschrankung gewesen sein muss. Damit hätte die Gesamtanlage in der Variante 1 mit einem Durchmesser von rund 23 km praktisch das Inselganze ausgemacht. Wir zweifeln daran, dass dies Platons Vorstellung war, sofern er sich die Anlage überhaupt plastisch vorgestellt hat, als er den Bericht niederschrieb, bzw. als er die Sage von «Atlantis» erfand.

In der Variante 2 dagegen umfasste die Mauer zumindest einen Grossteil der *vorgelagerten* Ebene. Sie müsste auch durchs hügelige Hinterland auf der anderen Seite des Zentralheiligtums fortgeführt worden sein. Da dieses Hinterland von beliebiger Grösse sein konnte – hierüber macht Platon keine Angaben -, befand sich ausserhalb der Mauer dort unter Umständen noch viel Hinterland. Es obliegt dem Betrachter, sich dieses Hinterland irgendwie begrenzt vorzustellen, bzw. der Insel eine geeignete Küstenlinie anzudichten.

Die von dieser Mauer umzogene Ebene wird uns im Bericht als bewohnt vorgestellt, als überquellend von Leben, Handel und Wandel. Als Häfen jedoch werden uns nur die drei Ringe genannt, von denen der äusserste (angeblich 540 m breit) der grösste war, worin auch am meisten Schiffe lagen. Vermutlich war er der Handelshafen. Der mittlere Wasserring wird der Kriegsflotte gedient haben, während der innere Wasserring religiös-kultische Bedeutung besessen haben mochte und womöglich zu seicht war, um schiffbar zu sein.

Es ist nicht anzunehmen, dass diese riesige Fläche - es handelt sich um rund 570 Quadratkilometer – flächendeckend so dicht besiedelt war, wie Platon uns suggeriert. Atlantis wäre ebenso gross und dicht bebaut gewesen wie eine moderne Metropole. Sie wäre wesentlich grösser als Rotterdam und einen Drittel kleiner als Hamburg gewesen und damit wohl – bei einigermassen dichter Besiedelung - eine Millionenstadt. Eine solche Vorstellung für die Bronzezeit Europas zu wagen, ist irrational. Zudem wären mit den damaligen Mitteln solch riesige Menschenmassen in dieser Weltgegend überhaupt nicht ernährbar gewesen. Daher wird die Besiedelung dieser grossen Fläche jener Epoche entsprechend dorfartig verstreut gewesen sein, mit kleineren Ballungszentren am äusseren Wasserring, der als Handelshafen diente. Den Atlantern mag diese für uns Heutige dünne Bebauung dicht und die damit gegebene Bevölkerungszahl enorm erschienen sein.

Angesichts der Riesenanlage im Zentrum erscheint es mir recht eigentlich sinnlos, eine weitere - und erst noch eine derart lange - Umfassungsmauer zu stipulieren. Falls sich dort irgendeine eingrenzende Struktur befunden hat, handelte es sich kaum um eine Mauer - die wir uns wohl erst noch als Wehrmauer vorstellen sollen -, sondern um einen allseits niederen Erdwall, besteckt mit einem heiligen Zaun, der den Grossbezirk rundherum gleichsam markiert hat.

Bereits die zentrale Anlage mit ihren zwei Landringen bot eine für jene ferne Vergangenheit enorme Wohn- und Nutzfläche, die trotz ihrer Grösse den einmaligen Vorteil hatte, überall gleich weit vom Hafen entfernt gelegen zu sein. So lässt sich die Ringstruktur zusätzlich zum Sakralen auch handels- und siedlungstechnisch elegant rechtfertigen.

Daher glaube ich, dass Platons Bericht in Bezug auf jene Aussenmauer korrumpiert ist, dass er auf einem Übersetzungsfehler oder einem Missverständnis bei der Weitergabe beruht. Dieser Bericht wurde ja mindestens zweimal übersetzt, einmal vom Atlantischen ins Ägyptische, dann von diesem ins Griechische. Seine Materie wurde mindestens viermal neu gefasst, das erste Mal von den Atlantern, das zweite Mal von den saitischen Gelehrten, das dritte Mal von Solon und das vierte Mal von Platon, wobei zahlreiche, intermediäre Weitergaben und Nacherzählungen stattgehabt haben mussten, namentlich in der Zeit zwischen Solon und Platon, die etwa 200 Jahre betrug. Möglicherweise gab es auch eine schriftliche Version – von wem auch immer erstellt -, die Platon vorgelegen hat. Niemand von den notwendigen vier und all den zufälligen, zusätzlichen Erzählern hatte - mit Ausnahme der die ursprüngliche Auskunft gebenden Atlantern (wobei selbst das nicht unbedingt gesagt ist, da sie womöglich erst während des Feldzugs geboren worden waren) - die beschriebene Anlage mit eigenen Augen gesehen.

KRITIAS, ABSCHNITT G

Mit diesem Abschnitt wird es noch einmal viel schwieriger, ein konsistentes Gesamtbild aufrecht zu erhalten. Platon beschreibt hier plötzlich ein ganz anderes «Atlantis» als bisher!

Obschon er uns die Insel bereits ausführlich beschrieben hat, beginnt er nun noch einmal ganz von vorne. Er betrachtet wieder das «ganze Land» und hält fest, dass es sehr hoch und vom Meer her steil aufgestiegen sei. Es habe dort nur eine einzige Ebene gegeben, nämlich die um die Stadt herum, wobei er jetzt ausdrücklich sagt, dass sie *ringsherum* (um die

Ringanlage) gelegen habe. Diese Ebene sei durch einen Kranz von Bergen umgeben gewesen, die sich bis zum Meer hin erstreckt hätten.

Zusammen mit den vorangehenden Überlegungen zur Grösse der Ebene und ihrem Abstand vom Meeresufer ergeben sich folgende Möglichkeiten, wenn wir versuchen wollen, Konsistenz zu erzielen.

Wegen des beschriebenen Ring- und Kanalsystems, dessen Wasser mit dem Meer in Verbindung stand, kann die Ebene sowohl aus logischen, als auch aus physikalischen Gründen nur wenige Meter über Meer gelegen haben (je nach geografischer Lage kommt noch die Höhe des Tidenhubs hinzu).

Ebene zu hochgelegen für das Kanalsystem und den Untergang

Berge gegenüber Ebene zu hoch. Anderes Bild nach dem Untergang als bei Platon

Flache Insel mit geringer Randerhebung als einzige mögliche Topografie

Es ist auch unwahrscheinlich, dass die Insel von echten Bergen umgeben war, obschon Platon uns hier solche suggeriert. Sonst ergäbe sich ein Bild wie jenes in der Mitte der obigen Skizze. Solche Gebirge wären nach dem Untergang der Insel allesamt über Wasser geblieben, die Ebene wäre in ihrem Kreis zum Rundfjord geworden, zugänglich nur an der schmalen Stelle, wo einst der Zufahrtskanal ins Meer mündete.

Auf eine solche Topografie deuten die Angaben über das Gebiet unmittelbar nach der Flutkatastrophe aber überhaupt nicht hin. Dort erscheint die Insel insgesamt als im Meer versunken, eine Schlammfläche hinterlassend und die Durchfahrt verunmöglichend. Darum glaube ich, dass mit den hohen Bergen Dünenzüge oder Hügelabbrüche gemeint sein müssen, die bei einer ansonsten topfebenen Gesamtsituation wie Gebirge gewirkt haben müssen. (Solche Küsten kennt der Kundige von der dänischen Nordseeküste. Allenfalls kommen auch Silhouetten in Frage, wie jene der Klippen bei Dover, etc.).

Dünenkämme und Steilküsten in durchschnittlicher Höhe von 15-100 m wirken sowohl von der See her, als auch vom topfebenen Hinterland aus ungleich viel höher, als sie wirklich sind. Es sind ja weit und breit die höchsten Formationen, ihre Silhouette verläuft wellen- oder zackenförmig, ist unregelmässig und gleicht stark der einer fernen Gebirgskette.

Die Ebene selbst lag allerhöchstens durchschnittlich 10 m über Meeresniveau, wie wir durch Überlegungen feststellen. Da zwischen der Ebene und dem Meer - wie wir gesehen haben - nur ein schmaler Landstreifen gelegen haben konnte, hätten sich dort gar keine Gebirge im eigentlichen Sinne auftürmen können. Diese sogenannten Gebirge waren somit lediglich Anhöhen von unterschiedlicher Höhe und Silhouette, kaum irgendwo höher als 30 bis 40 m.

Atlantis versank, wie eben wieder erwähnt, bekanntlich im Meer. Es bildete sich dort, wo sie gelegen hatte eine Schlammfläche. Das würde im Übrigen auch bedeuten, dass die Fluten allenfalls vorhandene Dünen beseitigt hatten. Über untergehende massive, hohe *Gebirge* wäre hingegen ganz anderes zu berichten gewesen.

In Bezug auf unsere zweite Variante, worin die Ebene nicht rund ums Ringsystem herumgeht, wo im Gegenteil dieses zwischen der Ebene und der Hügelzone liegt, gelten letztlich die gleichen Überlegungen in Bezug auf «Gebirge» und deren Ausmasse, wenn auch weniger ausgeprägt, weil hier der Untergang anstelle der Ebene wohl in der Tat ein Schlammmeer zurückgelassen hätte, welches der Hügelzone vorgelagert und nicht in diese hineinversetzt war. Diese unsere zweite Variante widerspricht aber Platons jetziger Aussage, dass die Ebene rundherum gelegen habe. Für sie bräuchten wir auch um die Ebene herum keine Dünen oder Steilküste anzunehmen, weil wir hier die für das Gesamtbild erforderlichen Erhebungen auf die eine Seite der Ebene verlagert finden, um sie auf der anderen los zu sein.

Wir lassen diese Widersprüche einfach stehen. Es sind dabei weniger Widersprüche zwischen unseren Auslegungen und dem platonischen Text, es sind eher solche, die dieser Text in sich selbst enthält und bei genauem Lesen enthüllt. Nur der ungenaue Leser findet da eine «Lösung».

Als wären der Probleme damit noch nicht genug, bringt Platon jetzt plötzlich auch noch Dimensionen ins Spiel, die alles zunichtemachen, was wir aus seinem Text herausgelesen haben und vertreten zu können meinten.

Die in der Mitte der Insel gelegene Ebene sei nämlich von länglicher Form, und das Verhältnis zwischen Länge und Breite sei 3:2 gewesen. Doch diese Ebene hat nun hier plötzlich nicht mehr einen Durchmesser von rund 27 km. Die Ebene sei nämlich, in deren Mitte die Stadt lag, 3'000 Stadien - ca. 540 km - lang gewesen! Die Breite dieser Ebene müsste demnach 2'000 Stadien betragen haben, also etwa 360 km.

Das sind nun gut und gerne die Dimensionen der gesamten Poebene. Die Ringstadt kann aus logischen Gründen wegen ihres bloss 9 km langen Zufahrtskanals niemals im Zentrum einer solchen Riesenebene gelegen haben. Der Zufahrtskanal hätte dafür mindestens 150 km lang sein müssen. Es hat wohl auch sonst nirgends je eine solche Ebene gegeben, die insgesamt untergegangen ist, ein Schlammmeer hinterlassend.

Auch die an sich reizvolle Idee, es könne sich bei der atlantischen um die Poebene gehandelt haben, kommt hier nicht ernsthaft in Frage, noch weniger die Ebene des Baetis (Quadalquivir). Denn bei beiden Ebenen hätte der jeweilige Strom im Atlantisbericht unbedingt enthalten sein müssen. Ihn quasi in Kanäle entlang der begrenzenden Gebirge zu verlegen, wie der Bericht uns durchaus suggerieren kann, müsste heute noch mit Leichtigkeit an vielen Stellen nachweisbar sein, zumal die genannten Ebenen ja wiederaufgetaucht sind (wenn sie jemals untergegangen waren), und das Kanalsystem entlang der Gebirge riesenhaft gewesen sein müsste. Auf jeden Fall hätte in beiden Ebenen die Ringstadtanlage lediglich 9 km von der damaligen Küste entfernt liegen können. Und ausserdem - das *argumentum crucis* - liegen weder die Poebene noch jene des Baetis überhaupt auf einer Insel oder hätten irgendeinen Bezug zu einer solchen.

Leider müssen wir an dieser Stelle Platon aber doch widersprechen. Diese Ebene und dieses Atlantis, das er uns hier so unvermittelt beschreibt, kann es nie gegeben haben! Entweder ist das der Beweis für die Flunkerei, oder durch all die Nacherzählungen und Übersetzungen in den zweihundert Jahren zwischen Solon und Platon ist doch so einiges durcheinandergeraten. Die von Platon genannten Grössen können unmöglich ernstgemeint sein. Es sei denn - und das haben schon andere vermutet -, wir hätten es hier mit den Aussenmassen des *vom Atlantiden beherrschten Gebiet* zu tun, das nicht nur jene Insel, sondern auch andere Inseln in der Nähe und Teile des Festlandes umfasste. Wir stossen hier auf ein generisches Problem im Umgang mit Platons Erzählung.

Interessanter ist an dieser Stelle nun aber eine andere Aussage Platons. Er erwähnt, dass «dieser Teil der ganzen Insel» – damit ist wohl die Ebene gemeint – *allerdings um Grössenordnungen verkleinert* - gegen Süden zu lag. Wie Platon betont, gab es auf der Insel nur eine einzige solche Ebene, jene, die er immer wieder beschreibt. Dass die Ebene seiner Aussage nach gegen den Nordwind abgeschirmt gewesen sei, bedeutet nicht, dass sie im Windschatten von Gebirgen gelegen haben muss. Ein Gebirge hätte den

Nordwind als Fallwind unangenehm in die südlich davon gelegene Ebene weitergeleitet.

Vielmehr deckt sich Platons Aussage mit meinen Beobachtungen in flachen Ländern ohne Gebirge wie Dänemark. Auch wenn an der Küste ein starker Wind bläst, ist von ihm im Innern des Landes nur wenig zu spüren. Eine Rolle spielt dabei die Thermik, die sich auf dem flachen Land entwickelt und den Wind aufwärts lenkt. Ebenen, die sich unterhalb von Gebirgen oder in Flusstälern befinden sind dagegen besonders stark den Fallwinden ausgesetzt.

Für uns ist hier wichtig, dass die Ebene in Bezug auf die Insel offenbar nach Süden hin ausgebreitet lag. Wie in unserer Variante 2 anskizziert, lag diese Ebene am ehesten südlich des hügeligen Teils der Insel, der von beliebiger Grösse war – wir haben bis jetzt noch kein Mass für seine Grösse gefunden – und, relativ betrachtet, «in der Mitte» der Insel».

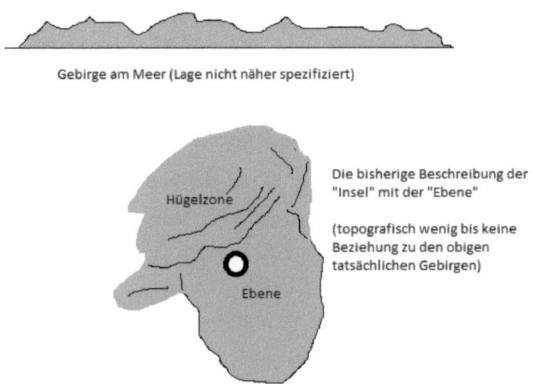

Gebirge am Meer (Lage nicht näher spezifiziert)

Hügelzone

Ebene

Die bisherige Beschreibung der "Insel" mit der "Ebene"

(topografisch wenig bis keine Beziehung zu den obigen tatsächlichen Gebirgen)

Die obige Skizze zeigt bloss die strukturellen Zusammenhänge und gibt die realen Verhältnisse sicherlich nicht korrekt wieder. Wie die Insel wirklich ausgesehen hat, können wir erst wissen, wenn wir sie – oder ihre Überreste - in unserer Zeit wiedergefunden haben.

Platon bringt in diesem Abschnitt aus unserer Sicht verschiedene Aspekte des Herrschaftsgebietes der Abkömmlinge des Atlas zusammen und versucht daraus ein einziges Bild zu machen. Es gab da zum Beispiel grosse Berge, die direkt aus dem Meer aufstiegen, die grösser und schöner waren als alles, was man dort herum sonst an Bergen kannte.

Platon beschreibt in diesem Abschnitt ein anderes Territorium als bis anhin, das auch ungleich viel grösser gewesen sein muss und mit seiner bisherigen Beschreibung inkompatibel ist. Er bringt zwar die «Ebene» erneut ins Spiel, beschriebt sie nun aber als länglich, etwa im Verhältnis von 3:2, wobei sie gegen Süden zu gelegen habe. Sie sei die einzige (solche) Ebene gewesen. Egal, wie wir nun jene Gebirge interpretieren, ob als Dünenzüge oder Steilklippen um die Insel herum, oder als an einem anderen Ort des Herrschaftsgebietes aufragende echte Berge, die dieses Herrschaftsgebiet dort begrenzten, oder jenseits davon aufragten, der Text erscheint uns so oder so korrumpiert, höchstwahrscheinlich als Folge der zahlreichen Neufassungen des Stoffes während der langen Übermittlungszeit zwischen Solon und Platon. Auch die riesigen Dimensionen, die Platon hier der Ebene zuschreibt, können nicht dieser zugeschrieben werden.

Ich denke, der ganze Abschnitt belegt, dass Platon *entweder* ganz gewaltig schwadroniert hat, ohne sich selbst ein konsistentes Bild von dem, was er beschrieb, gemacht zu haben, *oder* es sind genau diese Widersprüche und Unmöglichkeiten, die belegen, dass im Atlantisbericht etwas Wirkliches *verzerrt* weitergegeben worden ist, weil keiner, der davon berichtete, das Original gekannt hat.

Ich glaube, es gibt hier Evidenz dafür, dass Platon von diesen Brüchen genau wusste. Sie sind offensichtlich. Er wagte sie aber nicht selbst durch «Korrekturen» aufzulösen, weil er seiner Quelle unbedingt treu bleiben musste, sollte die Geschichte überhaupt eine Chance haben, als *wahr* zu gelten. Wir gelangen hier zu etwas Besonderem, das Erzählungen anhaftet, die etwas Unglaubliches beschreiben, das man nicht selbst gesehen hat.

Platon konnte diese Brüche und Widersprüche im Bericht, den er gibt, auch nicht selbst offen diskutieren. Das hätte die Gefahr geboten, dass seine Zuhörer sie für den Beweis gehalten hätten, dass die Geschichte eine Fälschung ist, wenn möglich gar eine von Solon selbst. Platon hätte nämlich bei einer solchen Diskussion umgehend zugeben müssen, dass *die Chose verfahren* ist.

Wie hätte er denn die Widersprüche erklären sollen? Er konnte damals nicht vorgehen gehen wie wir Modernen, sein Wissenstand um die Welt und ihre Vergangenheit war ungleich viel geringer als unser heutiger. Es war dafür umso wichtiger, *über diese Widersprüche hinweg* zu erzählen und einen tiefreichenden Eindruck aufzubauen, der sich dann bei der Schilderung der Schlacht um Athen, mit der die Erzählung hätte enden sollen, bezahlt machte. Dann nämlich hätte man angesichts des Heldentums der Athener im Kampfe mit einer solchen Macht, deren geografische und städtebauliche Verhältnisse man *nicht einmal befriedigend konsistent zu reproduzieren* vermochte, so ungeheuer war sie, die festgestellten Fehler und Widersprüche noch einmal ganz anders aufgefasst, nämlich nun als *Belege für das schier Unfassliche*, das Barbarische und Masslose, das gar nicht konsistent geschildert werden *kann*.

Glücklicherweise hat uns Platon und seinen Athenern die Schilderung jener Schlacht weitgehend vorenthalten. Er scheint sie gar nicht ausgeführt zu haben. Läge sie vor, würden die *heutigen Rezipienten* angesichts des Gewichts dieser Schlacht am Ende der aufbauenden Erzählung jenen anderen Schluss bekräftigt sehen, den man heute ohnehin überall zieht, dass «Atlantis» von Platon von A bis Z zu Propagandazwecken konstruiert worden, und dass die gesamte Erzählung ein «Fake» sei. Das hätten die alten Athener freilich *nicht* so gesehen. Eine Propaganda von solchen Dimensionen und nur zum Zweck, Athen zu glorifizieren, wäre für sie krank erschienen. Die Göttin Athene war gross, ihr Ruhm unsterblich, und Athen war an Taten nur gross, wenn die Göttin ihm beistand. Die Glorifikation des *säkularen* Athens, an die wir beim Konzept der Propaganda stets denken, hätte damals kaum verfangen, sie wäre absonderlich erschienen, recht eigentlich als ein Beispiel der Asebie.

Dass das Kriegsglück volatil ist, wussten ja alle, und so konnte Athen selbst über die Atlanter siegen, ohne dass dies für seine moralische Grösse gesprochen hätte. Vielmehr wäre die Frage zu beantworten gewesen, welche Gottheiten ins Getümmel eingegriffen haben? *Man hätte zeigen müssen, dass das atlantische Heer entweder von seinem Schutzgott Poseidon verlassen worden ist, oder dass – für den Athener ja nicht zum ersten Mal - die Stadtgöttin Athene über Poseidon auch dieses Mal den Sieg davontrug, möglicherweise unterstützt durch Zeus selbst, den Herrn der Weltordnung.*

Platon hätte *darüber* ausgiebig diskutieren müssen, sonst war seine Darstellung am Ende wertlos.

Sie taugt aber auch nicht zur Veranschaulichung seines Idealstaates, wie immer wieder behauptet wird. «Atlantis» zumindest kann ihn nicht gewesen sein, da es trotz seiner Bauten und seiner Organisation und Politik ausgerechnet den Athenern unterlag, deren Polis weit entfernt war von Platons Ideal. Die Niederlage von «Atlantis» vor Athen hätte eher veranschaulicht, dass selbst ein unvollkommener Staat wie Athen zu einer solchen Tat fähig ist. Doch das hatte Athen bereits in den Perserkriegen mehr als nur bewiesen. Die Idealstaatsdebatte als die säkulare Variante der religiösen Debatte bleibt im Falle von «Atlantis» eher unfruchtbar.

Welchen Vorteil brachte denn die Atlantisgeschichte wirklich? Vielleicht erkannte Platon, dass diese Erzählung die Frucht nicht bringt, die er ihr zunächst noch zugedacht hatte, und so brach er sie ab, bevor er zur Schilderung des Ringens um Attika kam. Streichen mochte er sie aus seinen Schriften aber ebenso wenig, weil sie ihm von Solon überliefert war, und weil es sich um eine alte Überlieferung handelte, deren Widersprüche er nicht eliminieren durfte, die quasi geheiligt waren, mit denen er aber auch nicht wirklich argumentieren konnte. So blieb ihm am Ende nur die Einsicht, dass er Historikerdienst geleistet, und dass er zu Ehren Solons diese Geschichte in die Sammlung seiner «sokratischen» Debatten aufgenommen hatte, als *Hommage an den grossen Weisen* – und als Kuriosum zugleich, zur Verwunderung des Gebildeten.

Dass die Erzählung Platons unvollendet blieb, verleiht dem ganzen Vorhaben – wie bei einer «unvollendeten» Symphonie - etwas *Tragisches*. Auf ewig würde die Sache offenbleiben. Die Wunde würde ewig bluten. Eine Sache, die ganz im Gegenteil abgeschlossen, eine Wunde, die längst verheilt war. Das war, denke ich, was Platon empfunden haben musste.

Der moderne Diskurs über «Atlantis» – jener, der noch einigermassen wissenschaftlich daherkommt - ist dagegen von beispielloser Uninspiriertheit und von einer Plattheit, die man ironischerweise nur mit jener der atlantischen Ebene selbst vergleichen kann.

KRITIAS, ABSCHNITT H

Mit den Verständnisschwierigkeiten geht es auch in diesem Abschnitt munter weiter. «Die Ebene» wird uns nun als rechteckig zurechtgemacht beschrieben, umzogen von einem «Graben». Und vom Landesinneren her sei sie durch parallele «Gräben», die gegen das Meer zu in jenen grossen «Graben» einmündeten, durchschnitten gewesen. Dieser habe sich der Stadt «von beiden Seiten [her] genähert», wo seine Wasser dann den Anschluss ans Meer gefunden hätten.

Die vielgenannte Ebene bildete also ein langgestrecktes Rechteck, wie wir bereits erfuhren. Dieses Rechteck war also künstlich vervollkommnet worden durch ein System von Gräben. Dieses erinnert an ein Drainagesystem. Lag die Ebene kaum über Meereshöhe und bestand sie hauptsächlich aus sandigem oder kiesigem Untergrund, würde ein solches System Sinn gemacht haben, um eine stabilere landwirtschaftliche Nutzung der Fläche zu ermöglichen.

Die ebenen Flächen beidseits der Ringanlage, die gewissermassen am «oberen Laufe» des Kanals lagen, wurden demnach von kleineren, vermutlich für Boote befahrbaren Gräben oder Kanälen durchschnitten, die netzartig miteinander verbunden waren.

Einigermassen ratlos macht uns jedoch die Behauptung, dass der Graben, der sich von beiden Seiten der Stadt genähert habe, «dort» ins Meer geöffnet habe. Aufgrund der Anlage der Ringstadt wäre ja eher anzunehmen, dass sich dieses «dort» auf jene Stelle bezieht, wo sich der grosse Zufahrtskanal ins Meer öffnet, so dass sich der Begriff «Stadt» auf diese Stelle bezieht und nicht auf die zentrale Anlage mit dem Heiligtum. Platon beschreibt, dass sich dieser Graben, der rund um die Ebene herumlief, auf beiden Seiten der Stadtanlage genähert habe. Doch er hatte ja auch geschrieben, dass der gesamte Bereich innerhalb der äusseren Umfassungsmauer dicht besiedelt war und insgesamt als «Stadt» bezeichnet werden konnte.

Doch wir erhielten auch ein einigermassen befriedigendes Ergebnis, wenn wir annehmen, dass mit «Stadt» lediglich das Ringsystem im engeren Sinne gemeint war. Dann würden sich die beiden Arme des Umgebungsgrabens der künstlich korrigierten Ebene aufgrund der rechteckigen Form der Ebene der Ringanlage ebenfalls von beiden Seiten nähern.

Die Komplexität dessen, was uns hier zugemutet wird, wird immer grösser, und der darin enthaltene Widerspruch zu einer jeden möglichen «Wirklichkeit» der Anlage immer offensichtlicher.

Wir sehen an dieser Stelle grundsätzlich vier Möglichkeiten, sich eine solche Anlage vorzustellen. Alle vier sind unbefriedigend.

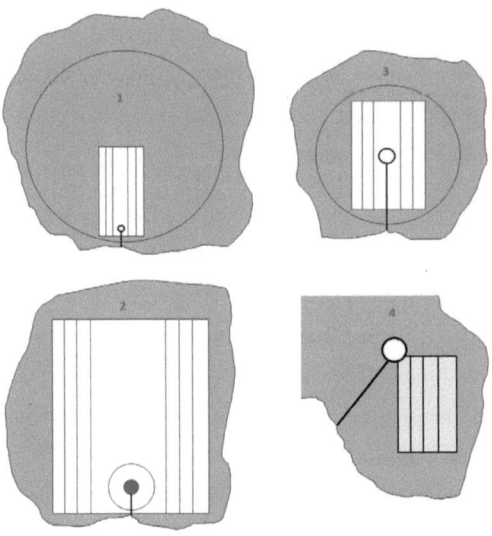

Unsere Variante 1 geht ja davon aus, dass die Ebene die gesamte Stadtanlage inklusive ihres riesigen Aussenbereichs umschloss und tatsächlich die von Platon erwähnten Dimensionen besass (540 km auf 360 km. Daraus ergibt sich dann aber, dass der kreisrunde Aussenring – jene Mauer, für deren Durchmesser wir rund 23 km veranschlagen müssen – in Wahrheit noch viel gigantischer gewesen ist, sollte er denn wirklich kreisrund gewesen sein. Und genau so gross wäre dann auch die Stadt gewesen. Eine Metropole also, die *alles Heutige in den Schatten* stellt. Unsere ursprüngliche Beschreibung der Königsinsel, wie in den vorangehenden Abschnitten diskutiert, könnten wir somit vergessen.

Bei Variante 2 gehen wir davon aus, dass die Ebene zwar die platonischen Riesenmasse hatte, dass sie aber den rund 23 km im Durchmesser aufweisenden äussersten Mauerring um die Ringanlage herum in sich einschloss. Damit schrumpfte dann die Stadtanlage auf einen winzigen Bereich am unteren Rand der Ebene. Die ursprüngliche Beschreibung der Königsinsel fiele hier genauso ins Leere, wie bei unserer Variante 1.

In Variante 3 zeichnen wir ein Bild, welches die Ebene innerhalb jener 27 km messenden Gesamtanlage zeigt. Hier werfen wir die platonischen Riesenmassstäbe also über Bord. Doch diese «Lösung» ist zudem noch mit anderen Aussagen Platons inkompatibel, vor allem jenen, welche die Ebene an den südlichen Rand der Königsinsel setzen, die wir im vorangehenden Abschnitt kommentierten.

In Variante 4 schliesslich hätten wir eine zwar mit Platon ebenfalls nicht in allen Punkten übereinstimmende Struktur, die uns jedoch von allen die realistischste dünkt. Sie respektiert die bisherigen Merkmale der Königsinsel und die meisten der damit verbundenen Aussagen zur Gesamtanlage «in der Ebene», behandelt jene «Ebene», die Platon als durch ein Netz von Gräben korrigiert beschreibt, jedoch nur als einen Teilbereich jener Ebene, in der die Gesamtanlage liegt. Zudem lassen wir hier offen, ob es jene äusserste Umfassungsmauer wirklich gegeben habe, die der Rundanlage jenen Gesamtdurchmesser von rund 23 km verlieh. Sie ist in der obigen Skizze nicht enthalten.

Alle vier Varianten sind problematisch. Eine Variante wie die vierte, eventuell der dritten angenähert, erscheint uns jedoch als die einzige, von der man glauben mag, sie hätte eine Chance gehabt, irgendwo in der damaligen Welt verwirklicht worden zu sein. Variante 1 und 2 waren dazu viel zu gross und hätten eine viel zu grosse Gesamtinsel benötigt. Tatsächlich hätte so etwas allenfalls – das eröffnet wiederum andere, pikante oder ironische Möglichkeiten der Lokalisation – in Yukatan verwirklicht sein können, doch kaum zu jenem frühen Zeitpunkt, und nicht in Übereinstimmung alles anderen, was Platon über «Atlantis» berichtet.

Er schreibt an dieser Stelle – in Verbindung mit dem geschilderten Kanal- oder Bewässerungssystem -, dass die Atlanter auf der korrigierten «Ebene» im Winter dank der hier angewandten Technik eine zweite Ernte halten konnten. Doch ist die Begründung für diese zweifache Ernte überaus merkwürdig. Dem muss eine Information zugrunde gelegen haben, die Platon selbst dunkel blieb, die er dem Zuhörer aber nicht vorenthalten wollte, da sie zum von Solon Überlieferten gehörte. Vielleicht will diese Stelle ursprünglich ausdrücken, dass im Sommer die Felder bei Bedarf aus den Kanälen bewässert werden konnten, während die Landwirtschaft im Frühjahr und Herbst («Winter») infolge starker Regenfälle darauf verzichten konnte, Wasser aus diesen Kanälen und Gräben zu beziehen.

KRITIAS, ABSCHNITT E

Die Ringe der zentralen Anlage besassen gemäss des von Solon Überlieferten spezifische Zweckbestimmungen. Sie hatten einen Bezug zu dem, was Platon die «Akropolis» nennt – die heiligen Gebäude und Steine, vermutlich der Königssitz und die Häuser der Getreuen -, die auf der zentralen Insel lag.

Auf den Ringen darum herum lebten die Wachmannschaft und die Krieger des Königs. Es wird bei Platon recht genau beschrieben, wie das ausgesehen hat. Der äussere, bei Platon rund 540 m breite Erdring, diente auf einer Breite von 180 m rundherum als Pferderennbahn. Sie muss also rund 12 km lang gewesen sein. Solche Rennbahnen sind der Archäologie allenfalls aus dem prähistorischen England bekannt, wo man sie *Cursus* nennt, meines Wissens aber nicht aus dem Mediterraneum. Beidseits dieses *Cursus* befanden sich offenbar die «Kasernen» der Krieger. Wenn wir annehmen, dass etwa alle hundert Meter ein Langhaus mit den zugehörigen Koppeln stand, ergeben sich 200 solcher «Kasernen», zu beiden Seiten des *Cursus* jeweils eine solche. Wenn wir pro Haus eine Besatzung von 50 Mann (inklusive deren Pferde) rechnen, resultiert eine Mannschaftsstärke von 10'000 für den äusseren Ring. Lagen dort auch die Häuser der

Familien dieser Krieger – was aber nicht sicher ist, da Platon hierzu keinen Hinweis gibt, da er von «Kasernen» spricht -, bewohnten über 50'000 Menschen diesen Ring.

Die zuverlässigeren unter den Kriegern, womöglich die älteren und die Altgedienten – heute würde man sie wohl als Gardisten bezeichnen - bewohnten den inneren Ring, wie Platon anmerkt. Zahlenmässig werden es an die Tausend oder Zweitausend gewesen sein.

Ohne die Familien mitzurechnen, können wir von einer Besiedelung der beiden Ringe von etwa 10-12'000 Mann ausgehen und müssen dieser Zahl die wohl etwa gleich grosse Zahl an Pferden und anderen Nutztieren beigesellen, mit denen sie zusammenlebten.

Das «Volk» (darunter die Sippen der Krieger), das die Stadt versorgte, bewohnte dagegen das Umland innerhalb jener erwähnten Umfassungsmauer rundherum, die wir als heilige Markierung aufgefasst haben und nicht als eine Wehrmauer. Es bewirtschaftete in erster Linie wohl jenes Geviert, das durch die erwähnten Gräben und Kanäle zum Vorteil der Landwirtschaft korrigiert und sinnvoll aufgeteilt war.

Auf der Kerninsel dagegen lebten die wahrhaft Getreuen, gewissermassen die Adligen, die mit der Königssippe verwandtschaftliche oder dienstliche Beziehungen pflegten. Wir haben dabei an eine Bevölkerung von einigen hundert Menschen (und ihre Tiere) zu denken.

In Anlehnung an das, was wir schon sagten, war dieser innerste Bereich die «Troiaburg» von «Atlantis», der «Berg» (die «Bergung») der Treuen, jener Ort, wo diese, nach den Riten jener alten Zeit «zu Hause» waren, die «Heimat» im Ursinn dieses schwer belasteten und vielbesungenen Wortes. Die Kerninsel, auf der die ursprüngliche «Anhöhe» lag, der «Urhügel» mit ihrem Kultstein, war für diese Menschen durch Kult, Brauchtum und Fortpflanzungsketten (Familien) die «Heimat» an und für sich.

Das Ringsystem beherbergte also, realistisch gerechnet, eine Bevölkerung von etwa 15'000 Menschen. Das war für die damalige Zeit und für einen einzigen Ort in jener Weltgegend eine enorme Zahl.

Darum herum lebten und bewirtschafteten wohl weitere 50'000 Menschen die Gegend, die Platon als eine Ebene angibt, die ihrerseits wiederum nur ein kleiner Teil des gesamten Herrschaftsgebiets jener Sippe des «Atlantiden» gewesen sein kann, die sich vom urzeitlichen Ehebund (*hieros gamos*) zwischen Poseidon und Kleito herleitete und mit diesem sich den Völkern gegenüber unangreifbar rechtfertigte.

KRITIAS, ABSCHNITT D

Der Bericht beschreibt uns hier für die zentrale Insel ein Ambiente, das mit seinen Anlagen, Häusern, freien Flächen, Baumanlagen, Bassins, Wasserläufen und dem grossen Tempelgelände viel Platz beansprucht hat.

Wie wir uns erinnern, hatte die Kerninsel in der Mitte des Ringsystems einen Durchmesser von fünf Stadien (ca. 900 m). Da die Bebauung dort wohl kaum kompakt war und daher nicht der solchen einer mediterranen Stadt entsprach, wird der zur Verfügung stehende Raum für die ganze Anlage genügt haben, auch wenn wir bedenken, dass um die königlichen und die kultischen Gebäude und um den «Urhügel» in der Mitte herum auch noch die Wohnsitze der Treuen lagen.

Wenn wir das, was Platon den Tempel nennt - mit seinen Dimensionen von 180 mal 60 m - in die Mitte der Kerninsel denken und ihn in einem gewissen Abstand mit dem im Bericht erwähnten goldenen Zaun umgeben, bleibt ohne die freie Fläche direkt hinter der Umfassungsmauer wohl eine ringförmige Restscheibe von etwa 300 m Breite, auf welcher sich all die Anlagen, inklusive des Königspalasts, erhoben haben.

Die Beschreibung des Tempels ist wegen des Ausdrucks «in seinem Aussehen [hatte er] etwas Barbarisches» über jede Gebühr pauschal. Das macht stutzig. Gerade dieser Tempel – um den sich hier buchstäblich alles dreht - wäre doch eine detaillierte, plastische Beschreibung wert gewesen!

Hier stellen sich uns mehrere Fragen. Handelte es sich - das ist die erste Möglichkeit - um eine Anlage, die für einen *Ägypter* etwas «Barbarisches» hatte, oder - so die zweite Möglichkeit - um etwas «Barbarisches» für den Griechen Solon, dem die Geschichte erzählt wurde? Es musste im Übrigen ja nicht allein dieser Tempel den Fremden «barbarisch» angemutet haben, weder den Ägypter, noch den Griechen! Sowohl für den Ägypter, wie auch für den Griechen musste «Atlantis» *in allen Details «barbarisch»* gewirkt haben. Warum wird im platonischen Bericht dann aber allein über den Tempel ausgesagt, er habe ein «barbarisches» Aussehen gehabt, das dann aber nicht näher beschrieben wird?

Dieser Tempel sah gewiss nicht wie ein griechischer Tempel zu Zeiten Solons oder Platons aus. Er zeigte weder die dorische, noch die ionische Ordnung und glich vermutlich überhaupt keinem Tempel der klassischen Zeit. Mit gleichem Recht lässt sich behaupten, dass er auch nicht ägyptisch ausgesehen haben kann. Warum wurde er dann nicht einfach beschrieben, wie er ausgesehen hat? Warum fand man es angebracht, ihn mit dem Attribut «barbarisch» pauschal zu brandmarken?

Alles, was von Solon berichtet wurde, wurde rund siebenhundert Jahre früher von einem Atlanter einem Ägypter geschildert. Das ist so, als würden wir heute über eine Schilderung, die Marco Polo über einen Tempel gab, den er auf dem Weg nach China gesehen hatte, einen ersten Bericht verfassen. Diese Schilderung wäre älter als alles, was uns die Spanier über die Azteken hinterlassen haben.

Der Tempel im Zentrum von «Atlantis» muss Solon so fremdartig erschienen sein, dass er – überfordert mit den ihm von den saitischen Priestern der Neith geschilderten Einzelheiten – einfach notierte: «Auf jeden Fall sah er ziemlich merkwürdig aus». Er wollte damit wohl einfach ausdrücken, dass dieses Gebäude oder «Ding» keinerlei Ähnlichkeit mit einem Tempel besass. Irgendwie war es unvorstellbar, dass es sich hierbei überhaupt um einen Tempel gehandelt haben sein soll.

Wie konnte in der (frühen) Bronzezeit (des Nordens) ein solcher Tempel überhaupt ausgesehen haben, dass sich für ihn siebenhundert Jahre später in Griechenland keinerlei Vergleich finden liess? Seine Dimensionen jedenfalls müssen so gewaltig gewesen sein, dass er die Grösse einer gotischen Kathedrale gehabt haben muss. War er ein Werk von Zimmerleuten, würde es sich dabei um die grösste, reine Holzkonstruktion bis in die Neuzeit hinein gehandelt haben, mit Ausnahme vielleicht späthellenistischer Grossschiffe. Da er auch, wie ausdrücklich berichtet wird, eine adäquate Höhe aufwies, muss sein Fachwerk geradezu phänomenal gewesen sein. Bei einem Grundriss von 180 m auf 60 m wäre eine adäquate Höhe wohl eine solche von 30 m. Selbst die Griechen waren zur klassischen Zeit zu einer derart gigantischen, reinen Holzkonstruktion unfähig. Wenn der Tempel aber im Gegenteil niedrig - quasi nur einstöckig - gewesen sein sollte, wäre seine Höhe von Solon und Platon nicht als «sichtlich» mit Länge und Breite «übereinstimmend» genannt worden.

Die Annahme, dass er aus Stein erbaut war, vervielfältigt die Schwierigkeiten noch einmal erheblich. Der Tempel hätte über extrem mächtige Mauern und weite Säulenhallen verfügen müssen, um der Struktur gerecht zu werden, die uns Platon suggeriert. Zudem dürfen wir uns einen solchen Tempel nicht als griechisch geformt oder als ägyptisch vorstellen.

Platon hat diesen Tempel aber eigentlich gar nicht beschrieben. Wir erfahren lediglich, wie gross «das Ding» gewesen ist, und was sich in ihm drin befand. Alles andere versteckt sich hinter dem Ausdruck «barbarisch».

Es ist durchaus möglich - und das wäre in der Tat sowohl für einen Griechen, wie für einen Ägypter «barbarisch» -, dass der Tempel von aussen betrachtet eine Art kunstvoll hergerichteter Hügel war, der in seinem

Innern einen vergleichsweise kleinen, niedrigen Raum oder ein entsprechendes Gangsystem barg, worin die Goldstatue des Gottes und die anderen Gaben aufgestellt waren.

Anzunehmen ist, dass dieser sogenannte Tempel das wohl älteste Bauwerk der Anlage war, allein schon aufgrund der merkwürdigen Angabe Platons, dass er «an der Stelle [stand], wo die beiden ganz am Anfang das Geschlecht der zehn Herrscher gezeugt und geboren hatten».

Eine solche Anlage klingt an einen grossen, neolithischen *Long Barrow*, ein langgestrecktes Hügelgrab an, möglicherweise im Verlauf seiner Geschichte terrassiert und schliesslich gekrönt mit einer hölzernen Zeremonialhütte humanen Ausmasses. Von einigen solchen *Long Barrows*, die man eingehend untersucht hat, wissen wir, dass sie selbst über Hütten und Gräbern errichtet worden waren, dass unter ihnen Tote lagen, die in einer schwarzen, schmierigen Masse lagen, die auf pflanzliches Material zurückgeht. Dames beschreibt einen solchen *Long Barrow* bei Avebury in England, der ihm zufolge eine Rolle im *Kult der Erdmutter* gespielt hat. [5] Auch beim Tempel auf «Atlantis» könnte es sich ursprünglich um ein solches, langgestrecktes Hügelgrab gehandelt haben, unter dem die Gebeine der Vorfahren lagen, jene der Kleito und ihren ersten Nachfahren.

Wie bei anderen solchen Grabhügeln, kann in den Hügel hier nachträglich ein Raum eingebracht worden sein, der mit mannshohen Steinen ausgeschachtet war. Bei einem solchen Raum könnte es sich um den von Platon erwähnten Tempelinnenraum gehandelt haben, sofern dieser nicht jener in einer (möglichen) Hütte auf der Spitze der Anlage gewesen sein sollte. Der mutmassliche Innenraum muss nicht mehr als mannshoch und auch nicht grösser als 3 m auf 8 m gemessen haben. Derartige Kammern

---

[5] Dames, M., The Avebury Cycle, Thames on Hudson, 1996

waren meist von einer Schmalseite des Hügels her erschlossen, der fast immer in Ost-West-Richtung lag.

Spätere Generationen konnten diesen im damaligen Bewusstsein bereits uralten *Long Barrow* dann mit Gold, Bronze, Zinn und mit Oreichalkos verziert und bandartig überpflastert haben. Es ist auch ohne weiteres möglich, dass in seinem Inneren ab einem bestimmten Zeitpunkt eine primitive Goldstatue des Gottes auf dem von Platon erwähnten Wagen stand. Dass diese Figur, auf dem Wagen stehend, die Decke berührte, wäre angesichts der geringen Raumhöhe einer solchen Kammer schon fast logisch.

Auch dass jener Raum mit Oreichalkos ausstaffiert war, darf nicht erstaunen, sobald wir in Bezug auf den Oreichalkos der Bernsteintheorie folgen. *Dann ergäbe sich nämlich ein logischer und ein ästhetischer Bezug zu Poseidon als dem Gott des Meeres, der Flüsse und des Wassers.*

Bernstein wird nicht nur aus der Erde gegraben, sondern auch aus dem Meer und aus Flüssen gefischt oder am Strand aufgelesen, so dass ein genuiner Bezug des Materials zum Wassergott gegeben war. Weil ein mit Bernstein ausstaffierter Raum, halb unter der Erde liegend, ähnliche Lichteffekte gezeigt haben muss, wie man sie auch unter Wasser beobachten kann, wird die Verwendung dieses Materials für eine wassergottgefällige Ausschmückung des Raumes bevorzugt worden sein.

Dass eine derartige, unterirdische, mit Bernstein ausgeschlagene, aus Gängen, Kammern und Lichtschächten bestehende, dämmerig-schimmernde – kalenderbezogen und zirkadian durch periodische Lichteffekte noch zusätzlich ausgezeichnete – Anlage dem Wassergott höchst gefällig gewesen sein muss, ist gut nachvollziehbar, zumal der Gott so - in Gestalt seiner Statue - *in der Erde drinsteckte und einwirkte,* so wie er einst *in der Kleito zeugend gesteckt und auf sie eingewirkt* hatte. Das sexuelle Kerygma wäre demnach in einer solchen Erdanlage zu ewiger Wirkung gelangt.

Ein Teil dieser *Barrow*-basierten, weiterentwickelten Anlage kann auch jener Kultstein gewesen sein, von dem noch die Rede sein wird. Er kann in die Front des terrassierten und geschmückten Hügels eingelassen gewesen sein, zum Beispiel in der Mitte eines doppelten (eines Zwillings-)Korridors ins Innere, so dass seine Spitze die Höhe der Terrasse geringfügig überragte. Damit wäre für diesen Stein eine Position gegeben, die es ermöglichte, dass die opfernden Könige den Stier zur «Spitze des Steins» bringen konnten, um ihn dort zu schächten, damit sein Blut über den gesamten Stein hinablaufen konnte. Die Fläche des Steins wird womöglich mit heiligen Symbolen geschmückt gewesen sein. Dieser Stein hätte aufgrund seiner Grösse, seiner Lage und eminenten Bedeutung durch die Jahrtausende hindurch bis hin zu den Wikingern wohl einen Prototyp für grosse Schmucksteinsetzungen in dieser Weltgegend abgegeben. Er wäre aber nicht, wie die viel spätere Irminsul der Sachsen, eine Weltsäule gewesen. In seiner aufrechten Gestalt griff er dieser jedoch vor. Die spätere Weltsäule wäre diesem Urstein gegenüber lediglich eine *Teilauslegung*, eine späte *Funktionseinschränkung*, nachdem das Zeitalter der Erdsexualität längst vorüber war.

Was die übrigen Gebäude auf der zentralen Insel angeht, so werden sie um diesen uralten, geheiligten Bezirk mit dem Zentralheiligtum herum gelegen haben, das – wie der viel später erst errichtete Tempel der drei Götter Odin, Thor und Freyr in Uppsala - von einem goldenen Zaun umgeben war. Sie standen wohl – einem Dorf nicht unähnlich - in unregelmässigen Abständen und Winkeln zueinander, getrennt durch die im Bericht erwähnten Baum- und Teichanlagen.

Über den Königspalast finden wir in Platons Bericht wiederum praktisch keine Angaben, nur dass er «der Grösse des Reiches angemessen und angemessen auch der ganzen Tempelanlage» gewesen sein soll. Es wird sich bei diesem sogenannten Palast um ein besonders grosses Langhaus gehandelt haben, das man reichlich ausgeschmückt hat.

Die ausführliche Beschreibung der gewaltigen Kanalanlagen, die das zeitlos Faszinierende an «Atlantis» sind, kompensiert die relative Enttäuschung, die das heilige Dorf im Zentrum der Anlage einem Ägypter und einem Griechen bereitet haben muss. Die exzessive Verwendung von Gold, Zinn, Kupfer, Bronze und Oreichalkos beim Schmuck der Anlage anstelle von Stein, Marmor, Farbe, Gemälden und Skulpturen muss dem klassischen Griechen in der Tat «barbarisch» vorgekommen sein, belegt jedoch im Grunde nur, was damals – in der Bronzezeit - besonders wichtig und wertvoll gewesen ist: *Rohstoffe*.

KRITIAS, ABSCHNITT I

Für die diskutierte Ebene sind die Zahlen, die der platonische Bericht in diesem Abschnitt liefert, erneut viel zu hoch. Unterstellt man, dass ein Landlos etwa drei Quadratkilometer umfasste, dann muss das ganze direkt vom König beherrschte Land mindestens 180'000 Quadratkilometer gross gewesen sein. Das ist rund viermal die Fläche der Schweiz. Es ist aber nicht anzunehmen, dass der gesamte Herrschaftsbereich überhaupt lückenlos in Landlose aufgeteilt war. In Wirklichkeit muss die Gesamtfläche also noch wesentlich grösser gewesen sein, da unbebautes und bewaldetes Gebiet hinzukam.

Wir können für den Atlantiden der Königsinsel mit einem Herrschaftsbereich von etwa 250'000 Quadratkilometer rechnen. Platon erwähnt am Ende, dass diese Zahlen allein für die Königsstadt gegolten haben sollen, und dass in den neun anderen Teilen des Herrschaftsgebiets andere Verhältnisse geherrscht hätten. Das würde jedoch bedeuten - wenn wir annehmen, dass jeder dieser neun Könige seinerseits ebenfalls rund 200'000 Quadratkilometer verwaltete -, dass der Herrschaftsbereich der atlantischen Könige an die zwei Millionen Quadratkilometer gross gewesen sein muss. In diesem Fall hätten diese Herrscher - zumindest zum Schluss der Epoche - in der Tat, wie es der Bericht an anderer Stelle suggeriert, über alles Gebiet «ausserhalb der Meerenge» und «innerhalb bis nach Tyrrhenien und Libyen» geherrscht.

Eine derartig gewaltige Herrschaft kann in der Bronzezeit aufgrund der dazu weitgehend fehlenden Logistik – wenn überhaupt - nur sehr kurze Zeit bestanden haben. Oder aber sie besass wirklich jene überaus mächtige, alteingesessene, allgemein akzeptierte, hieratisch-genealogische Begründung, von der uns Platon berichtet. Innerhalb des Mediterraneums hätte eine solche Herrschaft zu keinem Zeitpunkt vor Platon existieren können, ohne dass wir mannigfache, schriftliche Kunde darüber besässen.

Ein so grosses Reich muss weit ausserhalb des Horizonts der damaligen Ostmittelmeerkulturen gelegen haben. Da es sich zudem um eine maritime Macht gehandelt habe, die unter anderem auch über viele Inseln herrschte, muss sie im Westen und im Norden Europas vermutet werden. Gerade die eigentümliche Anlage der Stadt und ihr immer wieder betonter, insularer Charakter wäre, hätte sie innerhalb des Mediterraneums gelegen, in zahllosen Berichten lange vor Platon erschienen. Zudem müsste eine derartige Seemacht auch das östliche Mittelmeer lange Zeit dominiert haben.

KRITIAS, ABSCHNITT B1

Dieser Abschnitt klärt uns nun darüber auf, dass die «Insel» in zehn Teile unterteilt war, und dass der Gott jedem seiner Söhne einen solchen Teil zur Verwaltung gab. Im Abschnitt I haben wir erfahren, dass die von Platon geschilderte Organisation nur für die «Ebene» galt, die von der «Königsstadt» aus verwaltet wurde, und dass in den neun anderen Teilen des Herrschaftsgebietes andere Organisationen herrschten oder geherrscht haben müssen, die Platon nicht beschrieb.

Längst hat sich Platon hier in die Widersprüche verstrickt, die im ursprünglichen Bericht bereits in der einen oder anderen Form angelegt waren. Einerseits soll die Insel «Atlantis» in zehn Teile unterteilt gewesen sein. Diese Insel soll gleichzeitig, wie wir gesehen haben, hauptsächlich aus der vielzitierten Ebene bestanden haben. Die Organisation der Landlose, die Platon beschrieb, soll nur auf diese Ebene zutreffen, während die andern neun Territorien - ausserhalb dieser Ebene, und wie wir aufgrund unserer Untersuchungen annehmen müssen, auch ausserhalb der Insel - gelegen haben müssen. Entweder stimmen unsere bisherigen Untersuchungen in keiner Weise, oder Platon beschreibt hier ein Reich, von dem die beschriebene Insel nur ein vergleichsweise winziger Teil war. Dieser Teil entspräche nicht einmal jenem zehnten Teil, der von Atlas regiert worden sein soll, da die für die «Ebene» in Anspruch genommene Organisation ein riesenhaftes Territorium erforderte.

Sollten unsere Untersuchungen grundlegend falsche Ergebnisse erbracht haben, müssen wir an dieser Stelle nun annehmen, dass die Insel derart gewaltige Ausmasse besass, dass sie, wie wir errechneten, rund zwei Millionen Quadratkilometer gross gewesen sein muss. Aus heutiger Sicht muss jedoch festgehalten werden, dass es nirgendwo in der Welt ein so grosses Stück Land gab, das in den letzten zehntausend Jahren im Meer versunken oder durch Wassermassen zur Gänze verwüstet worden wäre.

Wir kommen meines Erachtens nicht darum herum, Platon dahingehend zu korrigieren, dass seine Zahlen für die «Ebene» falsch sind. Entweder sind die von ihm genannten absoluten Längenangaben falsch, oder sie beschreiben in Wirklichkeit das gesamte Herrschaftsgebiet des von Atlas abstammenden Zweigs der Göttersöhne.

Zudem wäre zu überlegen, ob Platon, bzw. Solon oder der saitische Priester, die Angaben über Landlose und Mannschaftsstärken aus diesen falschen Längenangaben selbst errechnet haben, oder ob diese Zahlen unabhängig von den angegebenen Längenmassen zustande gekommen sind. Es könnte auch umgekehrt sein, dass zwar die Mannschaftsstärken und die Zahl der Landlose bekannt war, aber nicht die Dimensionen des Reichs, und dass sie der oder die Erzähler nachträglich ausrechneten, indem sie davon ausgingen, dass man damit die Dimensionen der «Ebene» bestimmen könne.

Persönlich halte ich die Angaben über die Mannschaftsstärke, die Ausrüstung und die Anzahl Kriegsschiffe für überliefertes Material. Bei den Längenangaben habe ich aber meine Zweifel. Ich halte sie für nachträglich durch einen der Erzähler errechnet, der sich vorzustellen versuchte, wie gross das beherrschte Gebiet gewesen sein muss. Da er wusste, dass die «Ebene» der Insel von länglicher Gestalt war und ein Rechteck bildete, nahm er an, dass sich die Länge zur Breite im Verhältnis 3:2 präsentiert haben musste. Als er die absoluten Zahlen ausgerechnet hatte, muss er festgestellt haben, dass das von ihm beschriebene Ringsystem demzufolge winzig gewesen ist und nun an den äussersten Rand der gigantischen «Ebene» gerückt erschien. Er konnte jedoch gewisse Widersprüche bezüglich der Lage der Tempelburg in der Mitte der «Ebene» nun nicht mehr beseitigen, ohne dadurch den ganzen Bericht zu gefährden. Er schreibt ja an anderer Stelle: «(...), nur um die Stadt herum sei eine grosse Ebene gewesen und habe diese rings umgeben» (Abschnitt G), was meines Erachtens aussagt, dass die Ringanlage in Bezug auf die Ebene eine gewisse zentrale Lage aufwies. Stellt man sich dagegen die «Ebene» mit den Massen von 3'000 mal 2'000 Stadien - das sind 540 mal 360 km - vor, schrumpft das imposante Ringsystem zur Winzigkeit zusammen.

Wir haben also Grund anzunehmen, dass die Herrschaftsgebiete der Abkömmlinge der neun Brüder des Atlas - *die folglich auch keine Atlantiden wären, da sie ihre Nachkommenschaft nicht auf Atlas, sondern auf Poseidon zurückführen mussten* -, fernab der beschriebenen Insel lagen, und dass diese Insel in Tat und Wahrheit vergleichsweise winzig war. Selbst das Herrschaftsgebiet des eigentlichen Atlantiden – des direkten Abkömmlings des Atlas

- hätte somit fast ganz jenseits der «Insel» und naturgemäss in der Umgebung derselben gelegen.

Das setzt voraus, dass die «Insel» von weiteren Inseln und wohl auch vom Festland umgeben war. Platon erwähnt denn auch im Passus «und regierten auch über zahlreiche andere Inseln des Meeres» die Existenz weiterer Inseln. Interessant ist auch, dass der Zwillingsbruder des Atlas ausgerechnet das Gebiet bei den Säulen des Herakles zugesprochen erhalten haben soll. Das Gebiet scheint für Poseidon, der doch diese Zuteilung noch selbst gemacht haben musste, von besonderer Wichtigkeit gewesen zu sein. Lag dieses Gadeira tatsächlich unter dem heutigen Cádiz, müssen wir dessen überragende «poseidonische» Bedeutung für das gesamte Gebiet der poseidonischen Sippe rundweg zugeben. Aus Sicht der viel späteren, realen Macht des nördlichen Zentrums und seines Rohstoffbedarfs wären aber andere Gegenden ebenso wichtig gewesen, in erster Linie die Gegenden des Samlands (das Danziger Gebiet), jene der Eidermündung (Nordfriesland), das Zinngebiet in Cornwall und die Kupfergebiete in Europas ostalpiner Region. An diesen Orten mussten im Verlauf der Jahrhunderte andere Abkömmlinge Poseidons und der Kleito «installiert» worden sein, in Form verwandtschaftlicher Bande.

Es ist merkwürdig, dass Platon nur das Land des *Gadeiros* gesondert identifiziert, während er die Territorien der andern acht Statthalter - sie werden hier nicht einmal mehr Könige genannt - nicht lokalisiert und keiner bekannten Gegend zuordnen kann.

Wo die Säulen des Herakles damals gelegen haben, ist in diesem Zusammenhang unwesentlich, da nur ihre relative Lage interessiert. Es heisst nämlich kurz darauf und in Wiederholung einer früheren Erwähnung «und zudem dehnten sie, wie ich schon vorher erwähnt habe, ihre Herrschaft auf die herwärts innerhalb (der Säulen des Herakles) Wohnenden aus, bis nach Ägypten und Tyrrhenien». So wird ausgesagt, dass die Atlantisinsel *ausserhalb* dieser Säulen lag und wohl - in Anbetracht der obigen

Zahlen - weit weg von diesen Säulen, lag doch noch mindestens das Gebiet des Gadeiros dazwischen, welches aufgrund seiner Bedeutsamkeit ähnlich mächtig gewesen sein muss wie jenes des Atlas selbst. Die erwähnten Säulen des Herakles mussten ihre Bedeutung für die Atlantiden auch nicht darum haben, weil sie unmittelbar benachbart lagen, eher umgekehrt, weil sie das Tor zu allem, was jenseits davon lag darstellten, das Tor zum Mediterraneum. Denkbar ist zumindest, dass mit den Säulen des Herakles auch die Dardanellen gemeint waren, und dass jenes dem Gadeiros zugesprochene Gebiet jenes von Ilion war. Die Insel des Atlas lag deshalb aber nicht zwingend im Schwarzen Meer. Vielmehr sicherte Ilion lediglich den Ausgang der grossen Transportrouten zwischen der Atlasinsel und dem Mittelmeer. Das ist eine Deutungsvariante, die für die Griechen der klassischen Zeit aber nicht in Frage gekommen sein konnte.

Das Herrschaftsgebiet der zehn Könige - oder des einen (Ober-)Königs und seiner neun (Unter-)Könige oder Statthalter - muss sich zwischen den Säulen des Herakles und dem Okeanos befunden haben. Es war auf jeden Fall sehr gross. Diese Herrschaft soll, wie Platon berichtet, «viele Menschenalter lang» bestanden haben, bis zum Untergang der «Insel» nämlich. Durch diesen werden sich die verwandtschaftlichen Bande gelöst haben, der zentrale Verfassungsort des Bundes war weggebrochen.

Wie wir sahen, war es (und wäre es auch heute noch) äusserst unwahrscheinlich, dass eine Frau fünfmal Zwillinge - und erst noch allesamt männlichen Geschlechts – gebiert, ganz zu schweigen von den von Platon zwar suggerierten, aber nicht genannten Töchtern. Für die fünf Zwillingspaare müssen wir eine im modernen Sinne plausible Erklärung finden, welche die von Platon überlieferten Fakten respektiert.

Wenn es sich bei der geschilderten Kultur um eine solche der frühen Bronzezeit - anfänglich noch um eine der Steinzeit - gehandelt hat, woran wir nicht zweifeln können, liegt es nahe, dass diese fünf Zwillingspaare kultisch verstanden worden sind. Sie gingen aus einem Fruchtbarkeitsritual hervor, das noch mit dem Erdmutterkult der Steinzeit zu tun hatte.

Dass dem so gewesen sein könnte, legt uns die Schilderung nahe, wie Poseidon und Kleito zueinandergefunden haben: «Dort oben [auf der zentralen Anhöhe] hatte sich einer der Menschen angesiedelt, die zu Anbeginn in jener Gegend aus der Erde entstanden waren. Er hiess Euenor und wohnte zusammen mit seinem Weib Leukippe, die beiden hatten eine einzige Tochter namens Kleito. Als das Mädchen eben in das mannbare Alter gekommen war, starben ihr Mutter und Vater, Poseidon aber gewann sie lieb und vereinigte sich mit ihr (Abschnitt A)».

Jedes Jahr muss es also beim «Urhügel» zu einem Erneuerungs- und Begattungsritual gekommen sein, wo sich Mädchen und Jungen paarten und damit die Fruchtbarkeit des Jahres erneuerten. Der junge Mann war dabei eine Verkörperung der Wassergewalt, des Fliessenden, das Mädchen hingegen die Verkörperung der insularen Anhöhe, des «Urhügels». Sie war die Jungfrau, das zu bestellende Feld im Frühjahr. Dass die Angelegenheit kultischer Natur gewesen war, wird auch durch den von Platon berichteten, für uns Moderne merkwürdigen Umstand nahegelegt, *dass die Eltern von Kleito beide in jenem Moment starben, als das Mädchen «in das mannbare Alter gekommen war».* Sie waren nämlich das Vorpaar oder «das vergangene Jahr». Vom Moment ihrer rituellen Entjungferung an galt nun Kleito selbst als die Mutter, und ihr Bräutigam Poseidon galt als der Vater. Die beiden waren damit ab sofort das aktuelle Paar, das wie die Erde des laufenden Jahres bald Früchte tragen würde. Damit waren ihre kultischen Eltern gleichsam «gestorben».

Auf die neolithische Herkunft der Angelegenheit deutet auch das von Platon beschriebene Stieropfer hin. Der Stier oder Ochse war der Erde heilig. Die Ursprünge des Stieropfers können nicht weiter zurückliegen als die Geschichte mit Kleito und Poseidon, bzw. umgekehrt.

Beide haben etwas mit der Gründung von «Atlantis» zu tun, das in keiner Weise jenes Atlantis war, von dem wir seit Platon reden, sondern ein Inselchen, umgeben von einem natürlichen Wasserringsystem, auf dem ein jährlicher Erneuerungskult abgehalten wurde, der für die ganze Umgebung entscheidend war, und der immer berühmter und mächtiger wurde, wohl aufgrund des sich hier versammelnden Menschenschlags mit den Eigenschaften der Sonnenverwandtschaft, die in die eigene Abstammungsgemeinschaft durch Teilnahme am Begattungskult aufzunehmen Ruhm – und damit Aufmerksamkeit und Macht - verhiessen.

Man wird ausgewählte Töchter hierhin geschickt haben, damit sie diese Eigenschaften in die Abstammungslinie aufnahmen, und Söhne, um eine Jungfrau aus einer der hier ansässigen Sippen heimzuholen. Was aus heutiger Sicht rassistisch wirkt, kündete damals von etwas ganz anderem. Es ging um die Potenz der Sonne, um deren Lebenskraft. Wo diese am Körper des Menschen unmittelbar sichtbar war, galt sie als etwas Magisches, das den Erfolg der Sonne ins eigene Geschlecht zauberte. Solche Frauen und Männer wurden verehrt, sie waren von Anfang an «mehr» und hatten im modernen Sinne den Status einer «Marke». Zudem waren sie im lichtfernen Norden überlebensfähiger. Von Wirkung war auch, dass in den finsteren Hütten und Häusern der damaligen Zeit und während der düsteren Tage der langen Winter ihre Gesichtszüge und ihre Haut sichtbarer und lesbarer waren als die dunklerer Menschen, was das Zusammenleben mit ihnen erleichtert haben muss. Sie wirkten «einfacher» und «klarer». Es waren solche Gründe, die ihren Aufstieg zur Mehrheit in der damaligen Bevölkerung jener Gegend förderten, als der Mensch noch unbedingt darauf angewiesen war, die wiederkehrende, lange, strenge Winterzeit in harmonischen Gruppen überstehen zu können. Alles, was die Streitlosigkeit in der Winternacht förderte, förderte die Überlebenschancen der Gruppen.

Das von Atlas abstammende Geschlecht, die Atlantiden, vermochten ihre Herrschaft viele Generationen hindurch zu erhalten, berichtet uns Platon in diesem Abschnitt, was auch suggeriert, dass diese Tradition irgendwann dann doch ins Wanken geraten sein musste. Dass hier Verhältnisse in einer auf Rangordnung und ein Häuptlingswesen gegründeten Gesellschaft beschrieben werden, ist für den Leser offensichtlich. Sollte der Anfang dieser Entwicklung wirklich in neolithischer Zeit gelegen haben, waren damals sicher noch keine derartigen Verhältnisse gegeben.

Da wir als moderne Menschen die göttliche Abstammung, wie sie uns von Platon genannt wird, nicht akzeptieren können, ohne in Schwierigkeiten zu geraten, müssen wir diese Abstammung durch etwas ersetzen, das in anderer Gestalt der platonischen Version nahekommt. Eine mögliche Variante habe ich gerade erwähnt.

Nehmen wir ein neolithisches Ritual zum Ausgangspunkt, war doch die Ernennung von Atlas zum *Oberhäuptling* keine Folge eines solchen Rituals. Wir stossen hier auf eine Herrschaftsform, die bronzezeitlichen Ursprungs sein muss. Es ist anzunehmen, dass das ursprünglich erd- und fruchtbarkeitsbezogene Ritual, an dem ganze Bevölkerungen teilnahmen, durch die Machtergreifung der Atlantiden auf seine Kernaussage verkürzt worden ist. Ein junger Mann und eine Jungfrau hatten sich auf dem heiligen Hügel vereinigt und durch diese Tat ihre Eltern hinter sich gelassen. Der junge Mann verkörperte ursprünglich eine Kraft, das Wasser, das Fliessende, Emanationen auch sie der Erde, die im maritimen Atlantis schliesslich als männlicher Gott verkörpert war.

Das ist selber neolithisch gedacht, beinhaltet aber die patriarchalische Konversion. Das Grundprinzip der neolithischen Auffassung lag wohl darin, dass alles Irdische grundsätzlich weiblich war, verkörpert in der Erde, der Gossen Mutter allen Lebens. Doch darin steckte eben immer auch das zeugende, das männliche Prinzip, von Anfang an. Die Erde war ohne diese Zeugung gar nichts, sie war Wüstenei.

Man kann dies am Beispiel des Menhirs, des Mannsteins, erklären. Er selbst ist die Erde, ist die Mutter, in der sich das Phallische aufgerichtet hat und ihm seine Form gibt. Er ist zugleich die Erde, die Herrscherin über alles und jedes, *und* der Vater, dessen aufgerichtete Gestalt sie angenommen hat, indem er in sie eindrang und «bezeugte». In dieser Gestalt wird sie *tragfähig*, und sie trägt nun auch schon, ist schwanger und trägt das Kind (aus). Dieses Kind ist nicht «ihr» Kind, wie wir Modernen sagen würden, es ist «das» Kind. Die Erde ist Frau im Moment ihrer Bezeugung, ihrem Durchdrungensein vom in ihr drin aufgerichteten Mann, aber immer nur als eine tragende, welche die Frucht, «das» Kind, in den Tag, ins Licht, in die Sichtbarkeit entlässt.

Wenn die Landschaftsmythologen sagen, dass in jener uralten Zeit alles «mehrfunktional» gewesen sei, meinen sie einen dialektischen Nexus. *Die Frau ist der in ihr aufgerichtete Mann.* Sie ist nach Definition immer schwanger mit dem Kind, dem «Tag». Vergegenwärtigen wir uns diese subtilen Zusammenhänge, die dialektische und damit totalitäre sind, wird ohne weiteres verständlich, wieso die körperlichen Eigenschaften der Sonnenhaftigkeit im Umkreis solcher Kulte von überragender Bedeutung werden konnten, gab es sie erst einmal, und wieso man sich den Tag als ein Junge vorstellte, als Bub, der «erstrahlte».

All das hat nichts mit Matriarchat oder Patriarchat zu tun. Diese beiden Ordnungen waren damals noch gar nicht möglich. Es gab nur das physisch und seelisch *ineinandersteckende Paar* als das Atom der Ordnung unter den Menschen. Der Sexualakt war das A und O dieser Gesellschaft. Da alles mit der Erde, mit der Sonne, mit der Frucht zusammenhing, weil es ums schlichte Überleben ging, war alles mit Kraft, mit Licht und mit Frische assoziiert. Das war umso gesicherter, je grösser die Sichtbarkeit, die Lichtverwandtschaft und die Gesundheit rund um diese ewige Paarung herum waren.

Irgendwann aber muss es auch auf jenem «Urhügel» zur Konversion gekommen sein. War sie einmal passiert, konnte die Dauerzeugung, das ineinandersteckende Paar, als ein einmaliges und damit historisches Ereignis neu gelesen werden, so dass sich eine Sukzession von Söhnen daran anschloss.

Wir haben hier ein Beispiel vor uns, wie die neolithische in die bronzezeitliche Welt überführt worden ist, nicht allein infolge eines neuen Erzes, sondern infolge der Linearisierung eines zyklischen Prozesses.

Das neue Erz mag dabei mitgespielt haben, als Mittel der Macht. Es muss von ungeheurer Wirkung gewesen sein, als erstmals einer dieser Söhne ein Bronzeschwert oder eine Bronzeaxt schwang. Gegen ihn anzutreten, war nicht mehr möglich. In diesem Moment muss die Figur des viel späteren, hammerschwingenden «Thor» geboren worden sein. Er war vermutlich einfach der erste Jüngling, der eine Bronzeaxt verwendete, die er wohl höchstpersönlich bei den «Zwergen» in den Alpen beschaffen ging, deren Schmiedekünste legendär waren. Als er mit dieser Axt zurückkehrte, gab es keinen mehr, der es mit ihm aufnehmen konnte.

Platon beschreibt in der Folge in Ausführlichkeit all die Früchte der damaligen Landwirtschaft, allerdings nicht ohne auffällige Unsicherheit, was die Namen der aufgezählten Früchte angeht. Keine einzige Frucht wird bei ihrem Namen genannt!

Das kann unmöglich Zufall sein. Einerseits bezeugt die Detailliertheit der Beschreibung, dass das Thema dem Berichtenden wichtig ist, andererseits beschreibt er da Dinge, die er nicht einmal benennen kann. Die ganze Passage hört sich fast schon so an, als wenn ein moderner Grossstadtmensch die Dinge aufzählen will, mit denen sich der Bauer befasst.

Er weiss zwar vom Augenschein her etliches, kann aber die Früchte, Gräser und Holzarten nicht benennen, die er im Sinn hat.

Ich halte diese Schilderung für sehr merkwürdig. Handelt es sich hier um das Unvermögen des saitischen Priesters, die Erzeugnisse der bronzezeitlichen, europäischen Landwirtschaft zu benennen, oder steckt dahinter ein Unwissen bei Solon oder Platon? Oder hiess es am Anfang, als der atlantische Gewährsmann seinen Bericht dem ägyptischen Schreiber übermittelte, dass das Land schlicht alles, was man sich nur denken konnte, in reichem Masse hervorgebracht habe, doch der Ägypter hat diese pauschale Angabe dann auf seine Weise ausgeschmückt, um sie interessanter zu machen? Oder waren die vom Atlantiden vorgebrachten Namen dem Ägypter unverständlich, und er ersetzte sie durch für den ägyptischen Leser einigermassen plausible Beschreibungen?

Es gibt in dieser Beschreibung allerdings zwei Ausnahmen, den «Oreichalkos» und die «Elefanten». Über den Oreichalkos, ein Material, das damals nur noch dem Namen nach bekannt gewesen sei, haben wir bereits gesprochen. Dass es im diskutierten Grossreich irgendwo auch Elefanten gegeben hat - man erinnere sich daran, dass das Herrschaftsgebiet schliesslich bis «Ägypten und Tyrrhenien» reichte - in Nordafrika gab es noch in römischer Zeit einheimische Elefanten -, ist anzunehmen. Verwirrlich ist aber – einmal mehr -, dass all diese Erzeugnisse und auch die Elefanten auf der «Insel» selbst vorgekommen sein sollen.

Hinsichtlich der Grösse dieser Insel haben wir Platon korrigieren müssen. Hier dürfte es sich nun um eine ähnliche Verwirrung handeln. Möglich ist aber auch, dass auf die Existenz von Elefanten bloss geschlossen wurde, weil die Atlantiden Elfenbein kannten und dieses unter anderem auch für den Tempel Poseidons verwendeten. Elfenbein kann in Nordeuropa auch von Walrossen stammen, worauf schon andere hingewiesen haben. Meines Erachtens muss es im Grossreich der Atlanter beides gegeben haben, Walross- und Elefantenelfenbein.

Erstaunlicherweise entpuppt sich in diesem Abschnitt der atlantische Staat nun doch als ein Bündnis halbsouveräner Herrschaftsgebiete. Während die Innenpolitik, die Legislatur und Rechtsprechung in die Zuständigkeit der einzelnen Könige - bzw. des einen Königs und seiner neun Statthalter - fielen, mussten die Aussenpolitik und das Kriegswesen gemeinsam geregelt werden, wobei der Atlantide vor seinen Statthaltern den Vorrang genoss. Gegeneinander durften sie keine Feindseligkeiten eröffnen. Bei einem Umsturzversuch im einen oder andern Herrschaftsgebiet mussten die andern Poseidonabkömmlinge dem vom Umsturz Bedrohten zu Hilfe eilen, damit die hieratisch-genealogische Herrschaft erhalten blieb. Insgesamt betrachtet, waren die einzelnen Herrscher in ihren täglichen Entscheidungen aber selbstständig.

Viel Raum wird im Atlantisbericht dem wahlweise alle fünf oder sechs Jahre stattfindenden Bundestag – man könnte ihn auch Nationalfeiertag nennen - eingeräumt. In diesem Ritual treten die neolithischen Wurzeln der atlantischen Herrschaft noch einmal zutage. Der zu schlachtende Ochse wird mit Werkzeugen und Waffen eingefangen und erlegt, die man in der grauen Vorzeit verwendete, vermutlich die Werkzeuge aus jener Zeit, in der das Heiligtum gegründet worden war. Dass es sich hier um ein Ochsenritual handelte, deutet, wie gesagt, auf eine Herkunft aus einem Erderneuerungskult wie ihn Dames beschreibt hin.[6] Im Zentrum dieses Kults steht jetzt aber nicht (mehr) der Stier selbst, sondern eine Oreichalkossäule – wohl ein mit Oreichalkos überzogener Mannstein -, die in unmittelbarer Nähe zum Poseidontempel gestanden habe, in der Mitte der «Insel».

---

[6] Dames, M., The Avebury Cycle, Thames on Hudson, 1996

Je nachdem, wie wir uns den Tempel vorstellen, kann die Säule auch auf dem Tempel gestanden haben oder eingelassener Teil desselben gewesen sein, zum Beispiel in Form eines riesigen Frontsteins. Darüber haben wir uns bereits ausgelassen.

Es kann sich bei dieser Säule schlecht um eine solche im griechisch-klassischen oder im altägyptischen Sinne gehandelt haben, wohl eher um einen Mannstein oder einen Steintisch, der aus einem senkrechten und einem darübergelegten, zweiten Stein bestand. Das Wort Säule - sofern wir es hier urtümlich auffassen wollen -, bedeutete eine *Seele* in der Gestalt eines Steins oder Pfostens, mithin beseelter Stein, ein Stein, der zugleich Seele war, weil das eine ohne das andere nicht gedacht werden konnte, so dass gleichsam jeder aufrechte Stein eine «Säule» in diesem Sinne gewesen sein muss.

Wurde der Ochse wirklich «an der Spitze» dieser Säule geschlachtet, kann diese nicht besonders hoch gelegen sein. Es ist unmöglich, einen toten Ochsen ohne technische Hilfsmittel – und die waren den Königen ja verboten - auf einen Altar zu hieven, aber es ist ganz und gar ausgeschlossen, dass man einen lebendigen Ochsen dort hinaufbringt, der in seiner Todesangst zu allem entschlossen ist. Auch waren jene Zeichen, über denen das Tier getötet (geschächtet) wurde, kaum auf der Oberseite dieser Säule eingeritzt, sondern an einer ihrer Flanken. Für den Fall, dass die Säule ein in die Front des «Tempels» eingelassener Grossstein war, wie man es bei Ganggräbern aus der Steinzeit finden kann, konnte man den Ochsen zuerst auf das Hügelgrab führen und dort dann über dem Stein schächten. Oder anders, wenn der freistehende Stein so niedrig war, dass man den Kopf des Tieres über dessen oberen Rand zerren konnte, liess sich das Tier in einer natürlichen Position am Stein und nicht über ihm töten.

Das Blut wird man über die Zeichen rinnen lassen haben. Ein Teil des Blutes wurde in einem Krug aufgefangen. Die genannten heiligen «Zeichen» könnten aber auch Vertiefungen gewesen sein, wie man sie von sogenannten *Schalensteinen* her kennt. Dann jedoch hätten sie auf der Oberseite eines Tischsteins gesessen.

Nirgends steht geschrieben oder wird suggeriert, dass sich das Feuer, in dem die Überreste des Opfers verbrannt wurden, in einem Haus befunden habe. Es brannte vielmehr weit eher im Freien, vor der Säule, wie auch andere Feuer ganz in der Nähe zu brennen schienen. Man löschte sie bei Beginn der Gerichtsrunde aus. Möglicherweise brannten diese Feuer in einem Kreis um den ganzen Tempel herum.

Die Gerichtsrunde mutet ausgesprochen demokratisch an. Es kam da schon fast zur geheimen Abstimmung, weil die Szene im Dunkeln stattfinden musste. Offensichtlich verstanden sich diese Könige, von denen neun eigentlich Statthalter waren, wie Platon an anderer Stelle ausdrücklich sagt, als mehr oder weniger gleichberechtigte Partner, als Mitglieder ein und derselben Sippe. Das von ihnen eingegangene Bündnis beruhte auf Sippenverwandtschaft.

Dabei ist es unwahrscheinlich, dass all diese Könige wirklich «atlantische» Väter hatten. Dass ihre eigenen Urväter alle von Frauen der Atlasinsel geboren worden sein mussten, erscheint mir hingegen sicher. Die Sippe war mythischen und damit rituellen Ursprungs und von einem Gott ins Leben gerufen worden. Dafür hatte man die Säule mit ihren Inschriften als augenscheinlichen Beweis. Dieses Bündnis muss alt gewesen sein und war nie gebrochen worden.

Es ist nicht zu sehen, wie ein etwaiger Bruch des Bündnisses hätte geheilt werden sollen oder können. Bei der ausserordentlichen Ausdehnung des Reiches wäre so etwas wohl kaum möglich gewesen. Wir gewinnen den Eindruck eines schon damals alten, aus neolithischer Zeit stammenden Bundes verschiedener Völker, der auf einen Fruchtbarkeitskult zurückgeht, dessen wirkmächtiger Kultort über Jahrhunderte jene «Insel» des Atlas gewesen ist.

Dieser Bund hat überhaupt keinen politischen Charakter. Er war gegen keinen äusseren Feind gerichtet und diente auch keinem gemeinsamen innenpolitischen Zweck. Es wird nirgends suggeriert, dass die «Insel» des Atlantiden mehr war als ein Handelszentrum mit dem Zentralheiligtum. Sie kann nicht mit der Hauptstadt eines Pharaos oder Hethiterfürsten verglichen werden oder mit den Städten des klassischen Altertums. Die Stadt auf der Königsinsel war nur insofern das Zentrum eines Reiches, als dort die Atlantiden lebten und jenes Zentralheiligtum der Vorzeit stand, das den erwähnten Bund begründete. Die Stellung dieser «Insel» und seines «Tempels» war mehr einem bronzezeitlichen, heidnischen «Vatikan» vergleichbar, denn einer kaiserlichen Hauptstadt. Die Statthalter oder Bruderkönige des Atlantiden glichen mehr Kardinälen als etwa Herzögen oder echten Königen.

Der Bund scheint mehr durch interne Umstürze gefährdet gewesen zu sein als durch äussere Feinde. Überhaupt gewinnt man den Eindruck, dass dieses grosse, von den Zehn beherrschte Gebiet geografisch und kulturell weitab von aller wirklichen Machtpolitik isoliert gelegen hatte. Irgendwelche Nachbarschaften zu damals wenigstens aus Inschriften bekannten Reichen des Mediterraneums wären sicherlich genannt worden, hätte es sie gegeben. Wo es solche ansatzweise gab, hält Platon ausdrücklich fest: «(…) und zudem dehnten sie, wie ich schon vorher erwähnt habe, ihre Herrschaft auf die herwärts innerhalb (der Säulen des Herakles) Wohnenden aus, bis nach Ägypten und Tyrrhenien.» Es werden im Bericht keine anderen Grenznachbarn genannt. Tyrrhenien und Ägypten sind auch nur darum Grenzland, weil die Zehn ihre Herrschaft über die Grenzen ihres Reiches hinaus «herwärts innerhalb (der Säulen des Herakles)» ausgedehnt hatten, womit sie womöglich aber bereits einen Schritt – den entscheidenden - zu viel getan hatten.

Aus Platons Dialog *Timaios*[7]

Die Verbündeten des Atlasgeschlechts seien in einer Schlacht vor den Toren Athens besiegt worden sind, berichtet uns Platon. Man hält diese Mitteilung für einen der wichtigsten Sätze aus dem Atlantisbericht, weil er die Spekulation ermöglicht, Platon habe mit dem Bericht hauptsächlich die Grösse Athens hervorheben wollen. Oder er habe versucht, die Geschichte in einen Zusammenhang mit seinen Überlegungen zum Idealstaat zu stellen, ein Unterfangen, das er augenscheinlich nicht durchgeführt hat. Angesichts dessen, was der Atlantisbericht an Gehalt besitzt, wenn man ihn genau genug liest, ist die Niederlage der «Atlanter» von Athen nicht viel mehr als eine Marginalie, und nicht allein, weil Platon die Beschreibung des Ringens um Athen nicht mehr ausgeführt hat, sondern grundsätzlicher.

Es ist im Übrigen irrational anzunehmen, dass die gewaltige Macht, die Platon im Kritias beschreibt, in irgendeiner Art und Weise durch das prähistorische - und wohl ebenso wenig durch das historische - Athen hätte aufgehalten oder gar vernichtet werden können. Man sollte auch immer bedenken, dass die Athener ja nicht ihrerseits nach «Atlantis» gezogen waren, sondern nur einen Kampf in Attika ausfochten. Die Athener konnten somit lediglich eine Schlacht um Attika gewinnen und jene Abteilung der «Atlanter» dort zum Stehen und Weichen bringen, die es bis dorthin geschafft hatte, nachdem die ganze ungeheure Streitmacht, wie Platon uns ja versichert, «vom atlantischen Meer aufgebrochen war und in ihrem Übermut gegen ganz Europa und Asien heranzog». Angesichts der Geografie des Ostmittelmeers und der sich in dieser Weltgegend zur Zeit jener «Atlanter» befindenden, wirklichen Kriegsgegner und

---

[7] Platon, Timaios und Kritias, Insel, 1991, sowie: Platon, Timaios, Meiner, 1992

Grossreiche, konnte Attika nicht die geringste Rolle spielen, schon gar nicht in Bezug auf Ägypten.

Wer damals nach Ägypten zog, zog ganz gewiss nicht über Attika! Athen war damals ein unbedeutendes Kaff und noch in keiner Weise jene Macht, die es siebenhundert Jahre später war. Ausserdem geht der Weg nach Hattusa oder Mitanni oder Ägypten nicht über Attika, nicht einmal für eine Marine, wenn sich dort keine Grossmacht befindet, die man ausschalten muss. Und dort befand sich damals wohl nichts von militärischem Belang.

Platon schildert «Atlantis» im *Timaios*-Dialog wesentlich pauschaler und ungenauer als im *Kritias*. Er will hier bloss einen Überblick vermitteln. Immerhin erwähnt er auch hier die gigantischen Ausmasse des Herrschaftsgebiets der Atlantiden, wobei er dieses wiederum auf jene «Insel» bezieht, was, wie wir bereits gesehen haben, einem Missverständnis entspringen muss, dem wohl bereits die saitischen Priester und Solon zum Opfer gefallen waren. Platon erwähnt, dass die «Insel» vor der Mündung, die als bei den Säulen des Herakles befindlich identifiziert wird, gelegen habe, und mit diesem «vor» meint er ausserhalb des Mediterraneums. Von dieser «Insel», von welcher er hier schon in der Vergangenheitsform spricht, habe man zu *anderen Inseln* und auf ein *Festland* hinüberwechseln können. Sowohl das dortige Meer, als auch jenes Festland werden als besonders gross und «echt» geschildert. Demgegenüber sei das Mediterraneum bloss wie ein Hafen mit einer Einmündung.

Man hat die hier gemeinten Säulen des Herakles auch bei den Dardanellen oder besser noch am Bosporus lokalisieren wollen, denn auch dort verfügt das Mittelmeer über eine Einmündung. Doch ist das dahinterliegende Schwarze Meer dem Atlantik nicht vergleichbar, auch gibt es dort keine (weiteren) Inseln von Belang, und zudem wäre ein dortiges «Atlantis» - etwa in der Nähe der Krim – der damaligen Welt der Hethiter, Troer, Mitannier, Babylonier und Ägypter wohlbekannt gewesen. Doch habe ich hierzu bereits gesagt, dass eine solche Variante dennoch nicht ausseracht gelassen werden sollte, da die «Insel» des Atlas nicht im Schwarzen Meer gelegen haben muss, um diese Variante attraktiv zu machen. Es könnte sein, dass die viel später von den Wikingern befahrenen und begangenen Wege durch die russischen Weiten uralten Bernsteinstrassen folgten (und noch in sagenhafter Erinnerung waren). Dass Ilion zum Umschlagsplatz bronzezeitlicher Handelswaren nicht nur der Ägäis und des Schwarzen Meers geworden war, sondern zum Aussenposten des atlantischen Bundes, über verwandtschaftliche Beziehungen, ist nicht auszuschliessen. Der Feldzug der Atlanter gegen das Ostmittelmeer könnte sogar Züge eines Rachefeldzugs gegen Achaia gehabt haben, nachdem die Achäer Ilion geschleift hatten. Eine Art «Bündnisfall» für die atlantische Machtelite jener Epoche. Bis der Feldzug allerdings losbrechen konnte, werden Jahrzehnte vergangen sein. Und ihm werden zusätzliche Kriegsziele ausgebürdet worden sein. All das ist aber - wie alles andere auch - Spekulation.

TIMAIOS, ABSCHNITT 2

Der Bericht spricht hier klar aus, dass die Atlanter nicht nur und nicht einmal hauptsächlich über die «Insel» regiert haben - die Platon an vielen Stellen immer wieder als viel zu gross angibt, damit sie alles umschliessen kann -, sondern auch über «viele andere Inseln und über Teile des Festlands».

Und noch einmal versichert uns Platon hier explizit, dass die Könige auch noch «auf der gegen uns liegenden Seite» Herrschaft ausübten, und zwar im Süden über Libyen bis nach Ägypten hin und im Norden über Europa bis nach Tyrrhenien. Dieses «Atlantis» muss das grösste je errichtete Barbarenreich gewesen sein, grösser noch als das des persischen Grosskönigs. Doch war es, wie ich glaube, kein Reich im eigentlichen Sinne, sondern ein Kultbund, der auf uralten Versippungen beruhte, die aus der Steinzeit stammten. Und schon gar nicht besass dieses Reich eine einheitliche Bevölkerung und Kultur. Ein Aussenstehender hätte es gar nicht als Reich erkannt, sondern als eine religiöse Einheit, die vor allem die Mitglieder herrschender Sippen miteinander verband, letztlich zurückgehend auf einige gemeinsame Ahnen.

Ein Ansturm von solcher Gewalt, wie ihn Platon skizziert, der zum Ziel hatte, in einem einzigen Aufwisch den Rest des Mittelmeers zu unterwerfen, muss selbst einem Griechen der klassischen Zeit - und selbst eingedenk der Perserkriege – höchst unwahrscheinlich, militärisch aber geradezu unmöglich erschienen sein. Nicht einmal die Perser, die doch benachbart wohnten, hatten Derartiges vollbracht oder vollbringen wollen.

Erst mit Alexander dem Grossen, nach der Zeit Platons, kommt erstmals ein Grössenwahn von dieser Dimension zum Zug. Weder die Hethiter, noch die Ägypter, weder die Assyrer, noch die Babylonier hatten je Vergleichbares versucht.

Die atlantische Expansion - wenn sie nicht einfach eine reine Erfindung Platons ist - kann nicht den Charakter eines klassischen Heereszugs gehabt haben. Ein solcher war schon als logistischen Gründen ausgeschlossen. Zudem hätte der Zug wohl überaus lange gedauert. Er hätte erfordert, in Heeresgruppen geführt zu werden, lokal operierend und doch global koordiniert. Ihm hätte eine genaue Kenntnis der Geografie und der Kulturen zugrunde liegen müssen, damit er sich überhaupt erfolgversprechend planen liess. Und nicht zuletzt hätte er ein militärisch ausgebildetes, gedrilltes und kampferfahrenes Offizierskorps erfordert, wie es erst viel später möglich wurde. Nicht einmal die Heere der Pharaonen oder der Hethiter können als Beispiele herangezogen werden. Ausserdem waren selbst sie viel zu klein, um ein solches Riesenunterfangen auch nur anpacken zu können.

Es heisst, dass der Sieg der Athener über die «Atlanter» auch «uns anderen allen, die wir diesseits der Säulen des Herakles wohnen» die Freiheit wiedergegeben habe, die offenbar bereits verloren war. Zwar ist nicht gesagt, dass die Ägypter den Atlantiden bereits zum Opfer gefallen waren, es ist bloss allgemeiner von allen die Rede, die «diesseits der Säulen des Herakles» wohnen. Der Grossteil dieses Gebiets war bereits vor diesem Heereszug unter atlantischer Kontrolle, wie wir von Platon lesen können.

Ein atlantisches Heer sei damals, laut Platon, auch vor Athen aufgetaucht. Dieser Heranmarsch muss sich natürlich angekündigt haben. Die übrigen Griechen wollten zunächst zusammenhalten, seien dann aber abgefallen. Die Lage gleicht also verdächtig jener während der Perserkriege. Falls diese Passage Solon so mitgeteilt worden ist, ist die Ähnlichkeit mit den Perserkriegen das Ergebnis einer gleichartigen Bedrohungslage und nicht bewusster Geschichtsfälschung, zumal eine solche ja erst durch Platon hätte erfolgen können. Eine solche (plumpe) Fälschung traue ich dem grossen Denker nicht zu. Das wäre, gerade angesichts ihrer Durchsichtigkeit, ein Eigentor gewesen.

Vom angeblich so überwältigenden Sieg der Athener heisst es nun aber - verdächtig bescheiden - bloss, dass sie «ein Siegeszeichen errichten» konnten. Wahrscheinlich ist, dass die Niederlage der atlantischen Streitmacht vor Athen nur eine weitere Niederlage der Atlanter im Osten war. Durch sie wurde möglicherweise ein atlantisches Kampfkontingent daran gehindert, weiter nach Osten vorzustossen und die dort kämpfenden Einheiten zu verstärken.

Es wurde immer wieder behauptet, dass der Atlantisbericht nicht zuletzt der Verherrlichung Athens haben dienen sollen. Mich überzeugt eine solche Zweckbestimmung nicht. Sie erscheint mir überdies zu modern.

Wenn wir überhaupt von einem Heereszug der «Atlanter» in Richtung auf das östliche Mittelmeer reden wollen, dann kann es sich dabei nicht um eine rein militärische Aktion gehandelt haben, schlicht schon nur darum, weil es damals – ausserhalb Ägyptens und des Zweistromlandes - ein eigentliches Militär mit zugehöriger Logistik, Offizierskorps und einer professionellen Strategie gar nicht gab. Die vorhandenen Heere konnten eventuell ein bestehendes Herrschaftsgebiet geringgradig erweitern, und sie mussten lokale Herrscher unterwerfen und zu Vasallen machen, um diese Erweiterung zu bewerkstelligen. Es war ja nicht so, dass man damals das «Nationalgebiet» erweitern konnte. Denn es würde bedeutet haben, es flächendeckend mit eigenen Leuten zu besiedeln und die autochthone Bevölkerung zu liquidieren, zu vertreiben oder zu versklaven. Doch wozu? Die damaligen Herrscher benötigten Vasallen und deren Steuereinnahmen. Alles andere war ihnen egal.

Wie aber wollten die Atlanter, die von ausserhalb der Meerenge bei Gibraltar (oder über die Dardanellen) kamen, die Grossreiche am Ostmittelmeer besiegen und unterjochen? Ihre Posten in Libyen und Tyrrhenien waren bereits enorm weit vorgeschoben. Man konnte unmöglich die eigene Herrschaft weiter nach Osten ausdehnen, ohne dort eigene, mächtige Siedlungen zu errichten, die sich die dort lebenden Völker vom Leibe halten oder sie unterjochen mussten. Es bedeutete, dass man mit ganzen Volksteilen dorthin ausziehen musste. Der vermeintliche Heereszug war somit eher eine organisierte «Volkswanderung» mit Sack und Pack.

Selbstverständlich konnte es für eine solche Wanderung niemals ein Ziel sein, ganz Griechenland, Anatolien und die Levante zu unterwerfen oder gar ganz Ägypten. Man hätte mehrere Millionen dorthin auf den Weg schicken müssen, um eine Chance zu haben.

Doch schrieb man gerade einmal die Bronzezeit. Für Imperien war es damals noch entschieden zu früh. Man musste schon froh sein, wenn man irgendwo eine Siedlung einnehmen, neu bevölkern und effizient sichern konnte, möglichst eine mit einem guten Hafen. Für die Nachhaltigkeit eines Erfolgs war zudem wichtig, dass man in regem, maritimem Verkehr mit dem Bündnisgebiet ausserhalb der Säulen des Herakles blieb, was voraussetzte, dass man auch in den neuen Zonen die Seehoheit übernahm. Ohne die maritime Überlegenheit wäre ein lokaler Erfolg nicht lange aufrecht zu erhalten gewesen.

Und so werden denn die «Atlanter» genau dies gemacht haben, aber auch nicht mehr als das. Sie werden gezielt einige Orte am Ende des Mittelmeers erobert haben wollen, um sich dort dauerhaft festzubeissen und zwischen die dortigen Mächte einen Keil zu treiben, nicht aber, um sie ganz auszuschalten, schliesslich wollte man ja mit ihnen Handel treiben. Es werden somit maritime Kontingente solcher Siedler ausgesandt worden sein in Richtung Levanteküste und Achaia. Dort galt es unter Umständen, erst einmal den Untergang Ilions zu rächen. Ilion war womöglich eine wichtige Handelsstation für den bronzezeitlichen Wareaustausch zwischen dem Norden und dem Süden gewesen. Wollte man diesen Weg wiedereröffnen, galt es, die Machtverhältnisse in der Ägäis vorübergehend selbst in die Hand zu nehmen.

Es ist möglich, dass der Pharao, als er von der Niederlage eines Kontingents seiner Feinde vor Athen vernahm aufatmete, weil dadurch die sich bereits im Bereich der Levante festsetzenden «Atlanter» geschwächt wurden. Zudem bedeutete eine solche Niederlage, dass auch die ägäischen Verhältnisse nicht nach Plan der «Atlanter» verändert werden konnten. Man wird am Nil mit Genugtuung gesehen haben, dass sich dadurch das Blatt wieder zugunsten der eigenen Seite gewendet hatte. Nun galt es nur noch, dies auszunutzen. Erst jetzt vermutlich kam es zu jener «Seevölkerschlacht», von der später in Medinet Habu Zeugnis abgelegt wurde. *Falls die Seevölkerkriege überhaupt einen Zusammenhang mit den Geschehnissen in unserem Bericht haben!*

Zwar konnten sich die Fremden in der Levante dauerhaft festsetzen, aber sie erlangten keineswegs die Suprematie über die gesamte Region, die sie erstrebt haben mussten. Zwar konnten sie später mit der Gründung oder dem Ausbau von Karthago den rückwärtigen Raum besetzen und so auch die Existenz der östlichen Siedlungen besser gewährleisten. Doch war inzwischen das Reich, aus dem sie ursprünglich stammten, ins Dunkel der Geschichte zurückgesunken, und die Kultinsel des Atlas war in den Fluten versunken. Karthago wurde somit zu einem Ersatz für das verlorene, weit entfernte und viel grössere alte Zentrum, von dem man einander bald einmal nur noch Heldensagen erzählte.

Wenn wir die Sache so sehen, haben wir eine Chance, nicht allzu falsch zu liegen. Das und nur das wäre durchführbar gewesen und hätte überhaupt irgendeinen erkennbaren Sinn ergeben.

TIMAIOS, ABSCHNITT 5

Der Zug der Atlanter ins östliche Mittelmeer wurde *nicht* durch den Untergang der Königsinsel ausgelöst. Vielmehr ging die Insel, dem Bericht zufolge, der hier wiederum seltsam summarisch bleibt, erst nach der Niederlage der Atlanter auf den Schlachtfeldern des Südostens unter. Er ist lediglich der *Point d'Orgue* in einer ganzen Reihe von Schicksalsschlägen.

Die Erwähnung des Schlammmeers, dort, wo einst die «Insel» gelegen hatte, lässt keinen Zweifel daran, dass hier nur eine ganz flache und in keiner Weise topografisch coupierte Insel untergegangen sein konnte - es ragten keine Gebirge übers Wasser, nachdem sie verschwunden war -, und dass sie auch nicht sehr tief versunken sein konnte, da bereits «in ganz geringer Tiefe» der Schlamm liege, den sie zurückliess. Diese Tiefe war so gering, dass man «noch heute das Meer dort weder befahren noch erforschen» könne, wovon der saitische Priester dem Solon (um ca. 560 v. Chr.) zu berichten wusste. Das setzt voraus, dass der Ort, wo die Insel gelegen hatte, wieder aufgesucht worden sein musste, und dass das Ergebnis dieser Erkundung offensichtlich bis nach Sais im Nildelta Ägyptens gedrungen war.

Die untergegangene Insel muss in der Tat sandig gewesen sein. Viel Fels wird es dort nicht gegeben haben, und wenn, dann wird der auch nach der Katastrophe übers Wasser geragt haben. Der prähistorische Forschungsbefund, von dem in Sais erzählt wird, beweist, dass die Insel flach war, hauptsächlich aus Sand bestand und eine Art Wattenmeer zurückgelassen hatte. Doch es ist gut möglich, dass dieses später wieder verlandete, so dass Teile jener Insel viel später wieder bewohnbar wurden.

Dass die athenische Streitmacht vor Athen in der Erde versunken sein soll, klingt ganz und gar unpassend. So etwas wäre nach dem Sieg der Athener über die Angreifer auch höchst unrühmlich gewesen. Dieser plötzliche Untergang der Siegermacht in der Erde wird aber ebenso wenig näher beleuchtet wie der vorhergehende Sieg über ein Heer, gegen das sich anfänglich ganz Griechenland verbündet habe.

Entweder war die Streitmacht der Athener so klein, dass sie, an einem Ort versammelt, aufs Mal in der Erde, die sich durch Beben aufgetan hatte, oder die durch Regen in Schlamm verwandelt wurde, versinken konnte, oder es liegt hier das Ergebnis einer fehlerhaften Weitergabe von Teilen des Berichts vor. Wenn die attische Streitmacht so klein gewesen ist, dass sie im Boden Attikas - und wo hätte sich dieser denn auftun können, wo wäre eine derartige Schlammlawine möglich gewesen? - mit Sack und Pack untergehen konnte, dann war die atlantische, die man gerade besiegt hatte, ja wohl auch nicht viel grösser, was wiederum den Sieg, was seine globalen Auswirkungen betraf, relativieren musste.

Der grösste Teil der sich mit Atlantis beschäftigenden Passage des Timaios-Dialogs ist einleitenden Betrachtungen und Betrachtungen über das vorgeschichtliche Athen gewidmet. Ich will diese Passagen weglassen, weil sie meines Erachtens für die Kenntnis von «Atlantis» nicht viel beitragen.

Eine Ausnahme bilden die Jahresangaben zur Atlantisgeschichte. Es heisst da: «Seit diese hier [die Stadt Sais] errichtet ist, sind achttausend

Jahre verflossen, so ist die Zahl in den heiligen Schriften eingetragen. Über die Gesetze der Mitbürger also, die vor neuntausend Jahren gelebt haben, will ich dir in Kürze Auskunft geben und auch von der schönsten ihrer Taten, die sie vollbracht haben».

Der saitische Gewährsmann berichtet Solon, dass Athen rund tausend Jahre vor Sais errichtet worden sei, Sais aber achttausend Jahre alt wäre. Da Sais damals eine noch recht junge Stadt war, kann mit dem erwähnten Jahr nicht ein Sonnenjahr gemeint sein. Auf diese Problematik haben schon sehr viele Atlantisforscher hingewiesen, es ist müssig, hierüber in die Details zu gehen. Auch ich bin der Ansicht, dass es sich um Monate anstatt um Jahre gehandelt haben muss, so dass die erwähnten neuntausend Jahre 728 Sonnenjahre betrugen, das Sonnenjahr zu 12.37 Monden.

Daraus ergibt sich nun aber eine meines Wissens kaum beachtete Schwierigkeit, da der saitische Gewährsmann zwei Zahlen angibt, einmal eine für das Alter seiner eigenen Stadt - 8000 Jahre (647 Jahre) - und dann eine für das Alter Athens, das er in der Folge beschreiben will, nämlich 9000 Jahre (728 Jahre), und weil er angibt, dass er die Athener beschreibe, wie diese vor neuntausend Jahren gelebt haben. Dazu zählt er die «schönste aller Taten, die sie vollbracht haben», den Sieg über den atlantischen Angreifer. Nimmt man an, dass Solon um ca. 560 v. Chr. in Sais war, ergibt dies eine Datierung für den Zug der Atlantiden, die bei 1280 v. Chr. liegt. Die meisten Atlantisforscher scheinen aber mit 8000 Monden zu rechnen, was meines Erachtens mit dem Text Platons nicht gerechtfertigt werden kann. Sie kommen daher zu einer Datierung auf ca. 1195 v. Chr. Diese Jahreszahl kann dann in Relation zu den «Seevölker»-Kriegen gesetzt werden.

Wenn Solon wirklich der platonische Gewährsmann war, müssen wir mit den 8000 Jahren (Monden) rechnen, wenn aber der saitische Gewährsmann Solons mit seinen 9000 Jahren (Monden) recht hat, dann liegen die beschriebenen Ereignisse vor der Zeit Merenptahs oder Ramses III.

Das Seltsame an diesen Zahlen ist aber auch, dass die Athener bereits bei ihrer Stadtgründung – allenfalls einige Jahrzehnte später – eine so grosse Tat vollbracht haben sollen, wie die gegen die Perser Jahrhunderte später. Ein Ding der Unmöglichkeit, wie ich meine.

Kritias

Schliesslich und endlich wollen wir noch die platonische Begründung für den Untergang der Kultinsel von «Atlantis» betrachten. Ich halte sie nicht für die Floskel, als die man sie heute meistens sieht, sondern umgekehrt für den Ausdruck grosser Lebensweisheit und vor allem eines ganz und gar pragmatischen Blicks auf das, was Menschen tun, wenn ihnen Macht zuwächst, und wenn nichts ihnen Einhalt gebietet.

«Diese Macht nun, in der Grösse und Beschaffenheit, wie sie damals in jenen Gegenden bestand, vereinigte der Gott und führte sie gegen unsere Lande, und zwar wie man sagt, etwa aus folgender Veranlassung: Während vieler Menschenalter, solange nämlich die göttliche Natur in ihnen wirksam war, blieben sie den Gesetzen gehorsam und dem Göttlichen, das ihnen verwandt war, freundlich gesinnt. Denn ihr Denken war aufrichtig und in allen Dingen grosszügig, indem sie gegenüber allem, was ihnen das Schicksal brachte, und auch in ihren gegenseitigen Beziehungen eine mit Klugheit verbundene Milde walten liessen, denn neben der menschlichen Tüchtigkeit achteten sie alles andere gering und machten sich wenig aus dem vorhandenen Besitz, mit Gleichmut nahmen sie die Masse ihres Goldes und der übrigen Kostbarkeiten hin, als wären sie eher eine Last, von der üppigen Fülle liessen sie sich nicht berauschen und verloren auch nicht wegen des Reichtums die Herrschaft über sich selbst und kamen so zu Fall, sondern nüchtern und mit klarem Blick sahen sie ein, dass auch dies alles nur in gegenseitiger Freundschaft, verbunden mit menschlicher Tüchtigkeit, gedeihen kann, während durch eifervolles Streben danach und durch Überschätzung es selbst dahinschwindet und damit auch zugleich die Tüchtigkeit vernichtet wird. Infolge dieser Überlegung und solange die göttliche Natur in ihnen gegenwärtig blieb, mehrten sich all die Güter, die wir vorhin aufgezählt haben. Als aber der Anteil am göttlichen Wesen dahinschwand, weil es immer wieder mit vielem Irdischem vermischt wurde und so die menschlichen Wesenszüge die Oberhand bekamen, da vermochten sie ihren vorhandenen Reichtum nicht mehr zu ertragen und entarteten. In den Augen dessen, der einen klaren Blick hat, erschienen sie schändlich, weil sie das schönste unter ihren kostbarsten Gütern verderbten, den andern aber, die nicht zu sehen vermögen, was wahrhaft zu einem glücklichen Leben beiträgt, kamen sie jetzt erst recht herrlich und glückselig vor, in ihrem Überfluss an ungerechtem Reichtum und an Macht. Zeus aber, der Gott der Götter, der nach Gesetzen regiert und solches durchschauen kann, sah ein, dass ein tüchtiges Geschlecht in eine üble Verfassung geraten war. Er beschloss, sie zu bestrafen, damit sie zur Besinnung kämen und sich besserten. Deshalb rief er alle Götter zu ihrem ehrenvollsten Wohnsitz zusammen, der sich in der Mitte der ganzen Welt erhebt und alles überschaut, was je am Werden teilhatte. Und als sie versammelt waren, sprach er...».

Eine luzide, wunderschöne Eloge auf Tugend, Zurückhaltung und die wahre Tüchtigkeit des Menschen. Die Atlantiden verdarben «das schönste unter ihren kostbarsten Gütern», die Tugend, als sie anfingen, ihren Reichtum und ihre Macht zu geniessen und um ihretwillen zu existieren. Dieser Gesinnungswandel wird als Minderung der Teilhabe am Göttlichen gedeutet und wird, wie auch beschrieben, dem Tugendlosen eine Zeitlang viel einbringen und von ihm auch hochgepriesen werden, aber dann lockert sich die Verankerung des Ganzen, und Genuss, Macht und Reichtum bestehen nur noch um ihrer selbst willen. Auf diesem Boden konnte der Plan gedeihen, den Rest der Welt angreifen zu wollen.

Wir erinnern uns, dass Platon bei der Schilderung der atlantischen Ordnung und Gesetze ein System beschrieben hat, das - ohne äussere Feinde auskommend - aus einer uralten, auf einen Gott und auf die Erde zurückgehenden Tradition schöpfte. Dem Herrschaftsgebiet lagen letztlich je *keine Eroberungen*, ausser jenen «herwärts» der Säulen des Herakles, zugrunde. Es handelte sich nur um ein Bündnis infolge gemeinsamer, halbgöttlicher Herkunft der beteiligten Königsfamilien.

Wenn nun in einem solchen System die Tugend zerfällt und die Reichen merken, wie reich sie sind, die Mächtigen wie mächtig, dann suchen sie sich den passenden Vergleich nicht nur innerhalb, sondern vor allem ausserhalb ihrer Einflusssphäre *und fangen an zu spekulieren*. Für das von Platon beschriebene, uralte Bündnis gab es nur drei Möglichkeiten, entweder aus Desinteresse zu zerfallen, oder sich in Bruderkriegen aufzureiben, oder gemeinsam gegen einen äusseren Feind vorzugehen, den man sich allerdings erst schaffen musste. Die reichen und mächtigen Länder des östlichen Mittelmeers waren dieser Feind, und durch deren Einbezug würden sich Reichtum und Macht noch einmal steigern lassen.

Mir erscheint es sicher, dass Platon hier nicht den moralisierenden, aus heutiger Sicht verstaubten Versuch unternimmt, den Unterjochungsfeldzug der Atlantiden zu begründen, indem er ihn zu einem Teil einer göttlichen Massregelung umdeutet. Platon nennt hier meines Erachtens - jenseits aller Moral - die *tatsächliche* Begründung für den sagenhaften Feldzug der «Atlanter» im östlichen Mittelmeer.

Vertiefung

Bild

Vom Standpunkt der Logik aus ist die Sachlage bezüglich der Entität Atlantis klar. Eine Widerlegung Platons, wie sie auch immer daherkommt - ob als Korrektur, als Kommentar oder als Interpretation getarnt, wie bei uns hier auch - ist bis zur Entdeckung der Königsinsel von Atlantis ausgeschlossen. *Wir kennen die Sache, den Gegenstand, das individuell Eine, worauf sich seine Aussagen beziehen, ausschliesslich aus diesen selbst.* Wissen zu wollen, dass sich Platon zwar auf Atlantis bezog, dieses aber in irgendeiner Form verzerrt widergegeben habe, ist *ignorantia elenchi.*

Wie aber können wir sicher sein, dass Platon seinen Gegenstand richtig oder falsch beschrieben hat? *Wie konnte es Platon selbst?*

Nur durch absolute Quellentreue. Wir müssen *aus den platonischen Berichten selbst* die Identität des Gegenstandes bestimmen. Sie muss nicht eindeutig sein, denn logisch gesehen könnte es mehr als ein Atlantis gegeben haben. Das wäre nicht einmal besonders unwahrscheinlich, denn die Atlanter könnten Kolonien gehabt haben, die wesentliche Teile der heiligen Anlage wiederholten - etwa so, wie die römischen Foren in vielen Städten rund ums Mittelmeer einander stark ähnelten -, und von denen der saitische Gewährsmann unter Umständen nichts wusste. Solche Kolonien könnten, logisch betrachtet, sogar in Amerika bestanden haben. Dagegen spricht nicht einmal das Urteil des Commonsense. Immerhin ist uns eine solche Kolonie wohlbekannt, sie trug den Namen «Neustadt» - römisch: Carthago -, die in ihrem Zentrum eine Miniaturausgabe der Ringanlage der Atlasinsel barg, funktional durchaus, freilich aufs Allernotwendigste abgespeckt, ans verlorene Original angelehnt. Zu Solons Zeit existierte sie bereits. Doch gilt sie als Kolonie der Phönizier. Diese aber scheinen zumindest zum Teil die Nachfahren jener «Atlanter» gewesen zu sein, die sich in der Levante niederliessen, nachdem ihr grosser Plan gescheitert war.

Es muss eine Identifizierbarkeit insofern gegeben sein, dass jemand allein aufgrund der Kenntnis der platonischen Kernsätze über Atlantis dieses (oder eine Kolonie von Atlantis) identifizieren kann. *Wer Atlantis besucht, müsste Platons Kernaussagen bestätigen können.*

Ein Problem ist, dass für den Fall, dass Platon Atlantis aus Sicht eines Zeitzeugen in den meisten seiner Aussagen grob falsch beschrieben hätte, so dass es in der Tat anders aussah als berichtet, es für uns Heutige *a priori* keine Möglichkeit mehr gäbe, dies festzustellen. Das klingt insofern paradox, weil man annimmt, dass wir - ist Atlantis erst einmal gefunden - dann auch sagen können sollten, worin Platon sich geirrt habe. *Die Prämisse «ist Atlantis erst einmal gefunden», existiert aber in Wirklichkeit nicht, und unsere Annahme entspräche einer petitio principii.*

Nur wenn die Kernaussagen Platons «in Bezug auf ein und denselben, nicht Namen, sondern Gegenstand [Atlantis], und wenn Namen, dann (…) so, dass er individuell Eines bezeichnet, (…)»[8] voll und ganz zutreffen, dürfen wir behaupten, Atlantis gefunden zu haben. Wiche Platons Zeugnis für einen (fiktiven) Augenzeugen darin jedoch ab, so können wir die Identifikation des Berichteten mit dem Gefundenen *nie mehr lege elenchi* behaupten, sondern nur noch trugschlüssig herleiten. *Wir können demnach in gewisser Weise nur feststellen, ob Platon Atlantis hauptsächlich richtig, aber nicht, ob er es hauptsächlich falsch beschrieben hat.*

---

[8] Aristoteles, Sophistische Widerlegungen, Organon VI, Meiner, 1968

Ein weiteres Problem ist, dass in der Bedeutungslehre die Extension (worauf man sich bezieht) nicht aus der Intension (wodurch etwas beschrieben wird) folgt. Das heisst: Wer nicht weiss, dass sich die Beschreibung von Atlantis *auf Atlantis bezieht*, darf den Bezug auch nicht aus einer *vollkommenen* Übereinstimmung ableiten. Er muss zwingend im gefundenen Atlantis selbst den einen Hinweis finden, dass es sich um Atlantis gehandelt hat, in Form einer Inschrift oder eines anderweitigen, echten Beweises. *Die Übereinstimmung der Beschreibung mit dem Objekt ist noch kein solcher Beweis.*

Es gibt bis heute kein Fundstück, bei dem es zumindest quasi-optisch evident wäre, dass es mit dem platonischen «Atlantis» in Verbindung steht. Zum Beispiel eine Zeichnung von Atlantis, die der Anlage, die Platon beschreibt, (gefühlsmässig) ausreichend gleichen würde.

Dennoch scheint es heute zwei solche Objekte zu geben, wovon das eine sogar in zahlreichen, allerdings voneinander abweichenden Ausführungen gefunden wurde.

Das erste, solche Objekt wurde bereits von Spanuth erwähnt. Es handelt sich um eine Felszeichnung im Königsgrab von Kivik in Schonen (Südschweden). Diese Zeichnung zeige, so Spanuth, die im Atlantisbericht geschilderte Darstellung Poseidons im Tempel auf der Zentralinsel von Atlantis.

Die Zuordnung ist jedoch keinesfalls zwingend, nicht einmal für einen Atlantologen. «Poseidon» ist hier nicht ausreichend genau so dargestellt, wie es im Atlantisbericht beschrieben wird.

Das zweite Objekt, von dem es zahlreiche Exemplare gibt, ist der sogenannte *Herzsprungschild* (die ersten beiden Exemplare wurden im brandenburgischen Herzsprung gefunden). Von diesem Schildtyp wurden bis heute zahlreiche weitere Exemplare, vor allem in Südschweden, ausgegraben. Sie stammen aus der Bronzezeit und wurden später als Weihegaben in Mooren versenkt oder eingegraben, als man sie nicht mehr unmittelbar kultisch benötigte. Das Schildmuster, das uns hier interessiert, unterliegt jedoch der Spekulation. Man hat unter anderem versucht, einen Zusammenhang mit kalendarischen Gesetzmässigkeiten herzuleiten.

Im Nationalmuseum in Kopenhagen zeigen einige der ausgestellten bronzezeitlichen Schilde ein Herzsprungmuster. Einer dieser Schilde zeigt dem informierten Betrachter die zentrale Anlage auf der Königsinsel von Platons «Atlantis» erstaunlich genau. Es ist ein Schild aus der Bronzezeit, und er ist etwa so alt, dass er tatsächlich noch aus jener Epoche stammen könnte.

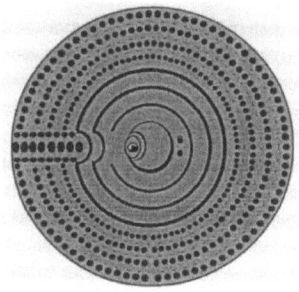

Die obige Abbildung zeigt die von mir angefertigte Nachzeichnung des Bronzeschildes aus der Zeit um 1'200 v. Chr. aus dem Nationalmuseum in Kopenhagen. Dieser Schild kommt mit seinem Bild der platonischen Anlage am nächsten. Er könnte einem der erwähnten Statthalter des Atlas gehört haben, letzten Endes also einem Abkömmling Poseidons und der Kleito.

Solche Schilde hatten Zeremonialcharakter und waren für den Kampf ungeeignet. Sie bestanden aus hauchdünnem Bronzeblech mit relativ hohem Zinngehalt, damit sie stärker glänzten. Man muss sie sich als *Insignien* vorstellen, etwa so wie den mittelalterlichen Reichsapfel. Sie hingen vielleicht oberhalb des Königsstuhls an der Wand, ähnlich wie ein Wappen, konnten jedoch auch bei Zeremonien herumgetragen werden.

Wenn diese Schilde tatsächlich die zentrale Anlage von Atlantis mehr oder weniger getreu wiedergeben, müssen sie diese damals auch repräsentiert haben, so wie der römische Legionsadler Rom repräsentierte, der amerikanische Adler die USA, Sichel und Hammer die Sowjetunion. Das würde bedeuten, dass die Anlage als einmalig, ihr Bild als grossmächtig, numinos, vielleicht gar als magisch (wie ein Gorgonenhaupt) empfunden wurde. Die Anlage *als solche* wäre bereits Ausdruck der Macht gewesen, nicht erst ein sich darin befindliches Objekt, etwa eine Statue oder die Weltsäule im tausendfünfhundert Jahre späteren Kult der Germanen der Völkerwanderungszeit.

«Altvaters Heimstatt» selbst war im Rahmen dieser, unserer hier gewagten Spekulation das wahre, das mächtigste Heiligtum von allen, der Ort eines prähistorischen Geschehens von unendlicher Bedeutung für die damaligen Menschen. Auf eigenartig stimmige Weise würde sich dies mit dem treffen, was uns Platon beschreibt.

Platon beschreibt *hauptsächlich einen aussergewöhnlichen Ort*, dessen *Baumerkmale* Ausdruck seiner Einzigartigkeit und Heiligkeit sind, die Zurückgehen auf die prähistorische Paarung zwischen einem *Gott* - letztlich wohl einem Seefahrer - und einer *hier ansässigen, einzigartigen Frau*, deren Ruhm, der sich in ihrem Namen spiegelt, in jener uralten Zeit über alle Grenzen hinweg sprichwörtlich gewesen sein muss.

Die wiederholten Paarungen zwischen dem Wassergott und der Autochthonen, die in der heiligen Sicht der Tradition zu den fünf männlichen Zwillingspaaren führten, müssen als derart bedeutungsvoll gegolten haben, dass sie nicht nur ein mächtiges Herrschergeschlecht hervorbrachten, das am Ende ein riesiges Gebiet regierte, sie müssen etwas Prototypisches ausgestrahlt haben, und auch etwas Titularisches.

Kein späteres Herrschergeschlecht konnte je wieder auf einen solchen Ursprung zurückblicken, betrieb einen derartigen Aufwand zur Verherrlichung seines Ursprungs und zur Hervorhebung des Ortes ihrer Erstzeugung. Nicht einmal die Pharaonen taten solches.

Eigentlich lässt sich dieses Kerygma von «Atlantis», das in der topografisch-architektonischen Anlage mit ihrem Zweck der auf Ewigkeit hin angelegten Bergung des Ortes der Urzeugung eines Geschlechts beruht, nur noch mit dem zweitausend Jahre jüngeren «Vatikan» vergleichen, der ausging von Petrus' Grab als vom Urkeim des Christentums, und der immer mehr und immer prächtiger als Ort ausgestaltet wurde, als jene heilige Einheit eines Ortes mit einer Zeugung, hier des Ortes des gewaltsamen Todes des Petrus im Zirkus und der Zeugung der Ekklesia durch eben dieses Ereignis. Hätten die späteren Päpste und Kardinäle nach einem – allerdings fast schon heidnischen - Insignium gesucht, wodurch sie ganz und gar repräsentiert worden wären, hätten sie vermutlich ein Bild des Petersdoms gewählt, ein vereinfachtes und doch erkennbares Modell desselben in der Hand gehalten. Dies ist die Kirche Jesu, und ich bin ihr oberster Kustos!

Worin bestand das Numinose von «Atlantis»? Platon beschreibt es nüchtern, indem er den Ursprung der Anlage, ihren Urzweck und den späteren kultischen Zweck für die Abkömmlinge des Urpaars unter der Vorherrschaft des Abkömmlings des Atlas beschreibt. Spekulierend, könnten wir sagen, habe es sich um den später hochheiligen Ort gehandelt, an dem sich eine ausgewählte Einheimische mit einem angereisten Fremden paarte, woraus ein ganzes Geschlecht hervorging.

Und wir dürfen anfügen, dass diese Paarung bereits ein Mythos gewesen sein muss zu der Zeit, als man die Anlage zu jener ausgebaut hat, von der Platon spricht. Es ist zu vermuten, dass es sich hier um einen Kultort rituell wiederholter Paarungen gehandelt hat, die explizit Bezug nahmen auf eine bestimmte Urpaarung vor schon damals sehr, sehr langer Zeit.

Wenn wir diesen Gedanken auskosten, fällt uns eine ganz neue und absolut unerwartete Deutung des bei Platon genannten Zeitraums von 9'000 Jahren ein. Hätte es nicht sein können, dass nicht die Ereignisse, von denen Platon in Bezug auf Atlantis spricht, 9000 Jahre zurücklagen (auch nicht jene rund 800, wenn wir die Mondhypothese favorisieren), sondern das Ereignis, das «Atlantis» für die Menschen selbst einst begründet hatte? Könnte es nicht sein, dass jene Urpaarung zwischen «Poseidon» - dem Mann, der in grauer Vorzeit in einem Boot ankam – und der hochberühmten Schönheit Kleito, die hier lebte, zur Zeit der Aufzeichnungen in Sais bereits runde 9'000 Jahre zurücklag? Die Atlanter, die den Priestern ihre Geschichte erzählten, wollten damit vielleicht ja das Alter ihres Bundes hervorheben, das Alter ihrer «Religion»?

Ich denke nicht. Eine solche Spekulation ergäbe auch nur in einem einzigen Fall einen Sinn. Jedes noch so berühmte Sippengründungsereignis zwischen gewöhnlichen Menschen wäre schon zur damaligen Zeit längst in Vergessenheit geraten gewesen. Die beiden daran beteiligten Protagonisten müssen also ganz und gar aussergewöhnlich gewesen sein. Darauf deutet die Bezeichnung «Gott» für den Mann hin, die sich auf die Beherrschung des Wassers bezieht. Das wiederum kann Ausdruck davon sein, dass dieser Mann die damals hochgradig aussergewöhnliche Fähigkeit besessen hatte, das Meer zu befahren, dass er das war, was man später einen Seefahrer nannte. Sein Fahrzeug wird ein Boot gewesen sein, kein Schiff.

Vor inzwischen über 11'000 Jahren gab es noch keine Schiffe. Es hat Einbäume gegeben und vielleicht erste, einfache Boote. Die Bezeichnung «Kleito» der Frau deutet darauf hin, dass sie berühmt war, dass sie in jener damals unendlich dünn besiedelten Welt am Ende der letzten Eiszeit weiterhum bekannt gewesen sein musste. Weiterhum hiess, dass man sie bei den über Nordeuropa verstreuten, wenigen Sippen kannte, beziehungsweise, dass man ihr Geschlecht kannte, aus dem sie hervorgegangen war. Berühmt war sie aber wohl nicht wegen einer Fähigkeit, etwa weil sie eine besonders talentierte Jägerin gewesen wäre, das hätte wohl kaum ausgereicht, berühmt muss sie *wegen ihres Aussehens und der damit verbundenen Ausstrahlung* gewesen sein.

Haben wir in dieser hypothetischen, (post)eiszeitlichen «Kleito» die Vertreterin eines Typus vor uns, der damals neu war? War sie eine der ersten Frauen mit blondem Haar und blauen Augen? Galt sie als eine von der Sonne Ausgezeichnete, und damit als eine Kraft- und Lebensspenderin wie jene? Woher war sie gekommen? Aus den Weiten Eurasiens? Doch hatte sie sich dort niedergelassen, wo man sie aufsuchen konnte, wenn man dazu die Fähigkeiten und den Mut besass.

Jener Bootsmann, der sie aufsuchte, um sie zu heiraten, war wohl der für damalige Verhältnisse mächtige Spross einer wichtigen Sippe, die irgendwo zwischen dem heutigen England und dem heutigen Polen siedelte oder nomadisierte. Dass diese sagenhafte Frau blond war, war zugleich wohl eine Eigenschaft ihrer Sippe, und es muss in jener Vorzeit als ein Zeichen gedeutet worden sein, dass sie – dass ihre ganze Familie – in der Gunst der Sonne stand, dass diese Leute mit dem Licht ausgestattet waren, das dem Himmelskörper eignet. In solchen Leuten schienen Sonne, Mond, Sterne und auch das Feuer eine Wohnung zu besitzen, all das, wodurch der Mensch gedeihen konnte, was ihm Nahrung verschaffte, was ihm den Weg wies, was ihn wärmte, was das Eis schmelzen liess und damit den Lebensraum von Mensch und Tier erweiterte. Dass «Kleito» so eine war, dass sie aus einer Familie stammte, die hell war, wird auch durch den Namen ihrer Mutter Leukippe (leuchtende Stute, weisse Stute) suggeriert.

Der Bootsmann wird allerdings nicht allein zum Ort jener «Kleito» gepaddelt oder gerudert sein, er wird seine Getreuen mitgenommen haben, damit auch sie sich Frauen aus jener Sippe holten. Damit niemand sonst es ihnen gleichtun konnte, damit kein anderer Stamm sich solche Eigenschaften aneignete, siedelte man sich am Ort der Vereinigung an.

Diesen Ort wird man überdies auch darum ausgewählt haben, weil man ihn nur mit dem Boot erreichen konnte.

Fortan vermehrte man sein Geschlecht, sich über gezielte Vergabe der eigenen Söhne an andere Sippen mit diesen Eigenschaften haltend, wodurch der im Atlantisbericht geschilderte Bund entstand. All dies mag viele Jahrhunderte gedauert haben. Damals gab es nur wenige Menschen im Vergleich mit heute, und die Weltgegend, um die es in dieser Spekulation geht, musste sich über Jahrtausende zudem erst von den Folgen der Eiszeit erholen.

Der Reiz dieser Spekulation ist gross. Man wird aber nichts davon jemals beweisen können. Auch eine Widerlegung wird es davon nicht geben können.

Ich finde, wir sollten uns dieser Spekulation nicht allzu rasch entledigen. Denn sie kann etwas erklären, was in der Tat für alle Vorzeitmenschen unerhört und einzigartig gewesen sein muss, das sukzessive Auftreten und die Ausbreitung des sogenannten «nordischen» Typus, der so offensichtlich anders war als alle anderen, dass er auf keinen Fall unerkannt durchging, vielmehr muss er wegen der auffallenden Leuchtkraft seines Äusseren eine *Entscheidung herausgefordert* haben, überall, wo er auftrat. Ein solches Individuum musste entweder als mächtiger, bedeutender, wichtiger als andere Menschen durchgehen, als eine Preziose, als jemand, dem göttliche Kraft zukam, oder aber als ein Objekt der sexuellen Begierde, das man raubte.

Man muss vermuten, dass das Auftreten dieses Typus, ob nun männlich oder weiblich, unbewusst, später auch bewusst zur Zucht verwendet worden ist. Damals war Zucht nichts Verwerfliches, im Gegenteil. Ein solcher Aspekt schwingt heute noch mit, wenn man die Leitfunktion der «blonden Frau» in der zeitgenössischen Pornografie und in den atavistischen Begattungsfantasien des Mannes vorurteilsfrei in Rechnung stellt. Der sexuelle Besitz einer «Blonden» - wobei blondes Haar allein nicht immer ausreicht, es geht oft um die gesamte, als «blond» empfundene, körperliche Erscheinung» der Frau - ist gleichbedeutend mit höchstem Glück, mit Macht auch über andere Männer, deren Frauen nicht «so» aussehen, vor allem wenn man als der «Besitzer» diesem Typ in keiner Weise selbst entspricht. Noch heute handelt es sich um sexuelle Atavismen, die man sehr leicht bedienen kann, entfachen kann, die mit einer internalisierten, unbewussten Lichtsuche einhergehen, die ihrerseits wiederum mit unerschöpflicher Tragfähigkeit verbunden ist. Solche Frauen, darüber hinaus später auch solche Männer, galten als die unerschütterlichste aller Grundlagen, auf die man etwas aufbauen konnte, was man selbst nicht war. Sie dienten und dienen der unbewussten «Selbstverbesserung», ohne dass es dazu mehr bedurfte hätte als des Geschlechtsverkehrs. Man konnte – und kann es noch immer - auf den Punkt bringen: *Entweder man wies als Mann grosse Taten vor, oder man besass eine blonde Frau. Der Eine muss vieles tun, der andere bloss aufpassen und verkehren.* Die Rassisten des Zwanzigsten Jahrhunderts haben aus diesem Atavismus eine Ideologie gemacht, die ihm radikal auf den Leim ging.

Der Ort, den Platon beschrieb, war kein Ort, der durch den Krieg berühmt wurde, der durch Heldengeschichten geadelt war, sondern durch einen sexuellen Kult aus grauer Vorzeit, einen repetitiven, kalendarischen Kult, der vermutlich jenen glich, die Dames für das England der Steinzeit und andere Landschaftsmythologen für ganze Europa vermutet haben. Das Einzigartige, sozusagen die *unique selling proposition* des «atlantischen» («urväterlichen») gegenüber all den anderen Kulten war vermutlich – allein schon aufgrund der Weltgegend - seine Verbindung mit einem bestimmten, von der Sonne ausgezeichneten Typus Mensch. Im Vorzeitalter des Sonnenkults muss dieses Alleinstellungsmerkmal die Vormachtstellung bedeutet haben. Der Untergang dieser Stätte muss sie umgekehrt ins heidnische Jenseits, in die Welt der Götter, entrückt haben.

Es hatte sich um eine mündliche Kultur gehandelt, welche Schriftlichkeit nur in Gestalt von Petroglyphen kannte, in Form magischer Zeichen und Darstellungen. Gab es eine eigentliche Schrift, wie Platon es uns meldet, dann kann diese erst spät hinzugekommen sein.

Alle alten Kulturen lebten von ihrer mündlichen und rituellen Tradition, so wie der Tanz davon lebt, dass man ihn praktiziert, nicht davon, dass man ihn beschreibt. In jenen uralten Epochen dachte niemand daran, Ereignisse «aufzuschreiben» oder Dinge zu «beschreiben». Wozu auch?

Denn durch Schriftlichkeit jenseits des bloss Symbolischen wäre der Lüge und dem Betrug Tür und Tor geöffnet worden. Ein einziges Schriftstück kann eine ganze Kultur belügen, ja verdrehen. Mündliche Weitergabe hingegen schafft dies nicht, sie erfolgt ununterbrochen unter peinlichster Beobachtung aller Einzelheiten, über die alle bestens Bescheid wissen, die dem Sänger zuhören. Sie wollten nicht «Neues» hören, sie wollten es «neu» hören, noch unerhörter, kunstvoller. Die mündliche Tradition bewahrt einen Sachverhalt über ein Jahrtausend vermutlich detailgetreu, sobald sie «volksweit» ständig ausgeübt, damit ununterbrochen kompetent kontrolliert und berichtigt wird. Schriftliche Tradition ist dagegen überaus elitär und abhängig von der Ehrlichkeit und der Ideologie ganz Weniger. Daher ist sie immer schlechter als die populär betriebene, mündliche. Heute sehen wir es umgekehrt, einer der Irrtümer der Zeit.

Es ist damit wie beim Tanz oder beim Musizieren. Wer uns auf der Tanzfläche etwas anderes für Rock'n'Roll verkaufen will, als was «alle Welt» darunter versteht, dringt damit nicht durch. Sobald aber über diesen Tanz nur noch geschrieben wird, kommt einer solchen Darstellung enorme Wichtigkeit zu, der Tanz selbst aber wird untergraben.

Doch kehren wir an dieser Stelle zurück zum Motiv der Herzsprungschilde. In Delphi existiert heute noch eine Bronzeplatte, welche dasselbe Motiv zeigt, nur weitaus kunstvoller und exakter ausgeführt, aber auch abstrahierter.

Man kann hier durchaus von einem prähistorischen *Logo* sprechen, oder gar vom *Wappen des Atlantiden*. Nicht von Ungefähr landete sie in Delphi, dem neben Delos höchsten Heiligtum Apollons, worauf wir noch zu sprechen kommen werden.

Der Scheibe muss eine grosse Bedeutung zugekommen sein, sonst wäre sie nicht in Delphi verwahrt worden. Zudem wirkt das auf ihr abgebildete Motiv ungriechisch, kann aber auch ohne weiteres keiner anderen bekannten, damaligen Kultur zugeordnet werden. Es erinnert hingegen stark an das der Herzsprungschilde.

Es ist nach vernünftigem Ermessen ausgeschlossen, dass auf all diesen Schildblechen etwas anderes dargestellt worden sein soll, als eine in ganz Nord- und Westeuropa bekannte, heilige Stereotype von hoher Wirksamkeit. Natürlich versucht man zu argumentieren, dass der zentrale Buckel funktional bedingt sei, weil sich dahinter die den Schild haltende Faust befand. Ebenso habe er zur Stabilisierung des Bleches beigetragen.

Das stimmt zweifellos auch, überzeugt aber nicht wirklich. Die konzentrischen Kreise um den Buckel herum liessen sich zwanglos, so argumentiert man gelegentlich, von der Kreisform des Schildes ableiten, und auch sie trügen zur Flächenstabilisierung bei. Es handelt sich hier um Argumente, deren Plausibilität nicht bestritten werden soll. Nur genügen sie hier und auch logisch gesehen nicht.

Rundformen und Flächenstabilisierung liessen sich auch mit anderen Figuren verbinden, wie sie auf zahlreichen anderen Schilden aufgebracht worden waren.

Das durch solche Argumente Unerklärliche sind die zum Teil subtilen Abweichungen von der Symmetrie. Namentlich der auf manchen Schilden vorhandene Radius, dessen zentrales Ende zwei aufeinanderfolgende Halbrundbögen sind (beim delphischen Schild sind es Spitzen), durch welche die beiden äusseren drei Ringe eingedellt erscheinen, sowie Eigentümlichkeiten des zentralen Schildbuckels selbst.

Diese Details variieren von Schild zu Schild, ähnlich wie die Details auf frühchristlichen Ikonen. Auffällig ist auch, dass auf manchen Schilden gewisse Ringe ausgezogen wurden, andere dagegen nur punktiert sind. Dasselbe gilt vom erwähnten Radiuselement. Die im Einklang mit der saitisch-solonisch-platonischen Beschreibung der Ringanlage rund um die zentrale Anhöhe im Atlantisbericht auf eine typische Weise durchbrochene Symmetrie der Stereotype ist so auffällig, dass wir es dahingestellt lassen müssen, ob hier nicht doch ein Bild jener Anlage vor uns liegt, die wir suchen und bisher nirgends in der uns bekannten Welt finden konnten.

Die ersten Schilde wurden 1844 in Brandenburg gefunden. Es waren Moorgaben, vermutlich aus dem neunten vorchristlichen Jahrhundert, zusammengefaltet und gebrauchsspurfrei. Sie haben einen hohen Zinngehalt, was ihnen einen schimmernden Glanz verlieh. Zudem waren sie hauchdünn und nur rund 800 Gramm schwer. Ihr Durchmesser war nicht sehr gross und lag bei 70 cm. Fünfzehn ähnliche Schilde wurden später im schwedischen Fröslunda gefunden. Es muss, wie ich meine, der oben abgebildete Prunkschild im griechischen Delphi als ein weiteres Exemplar eines Herzsprungschildes betrachtet werden.

Die Moorgaben deuten darauf hin, dass die Schilde Kraft besassen und als Geschenk an die Götter wertvoll waren, aber im realen Leben jener Zeit nicht mehr gebraucht wurden, dass sie also wohl viel älter sind. Vermutlich standen sie im Zusammenhang mit Sagen und Helden. Ihre Deposition im Moor muss bedeutet haben, dass etwas besonders Wertvolles erforderlich war, um die jenseitigen Mächte günstig zu stimmen. Vielleicht wurden jene Helden durch die Niederlegung ihrer Schilde ganz direkt aufgefordert, den bedrängten Lebenden aus dem Totenreich doch bitte zu Hilfe zu eilen?

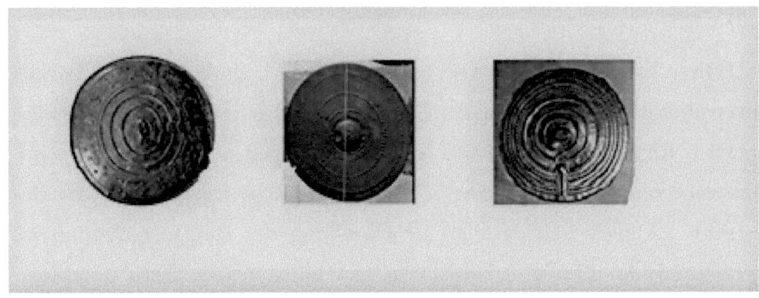

Es ist natürlich aus heutiger Sicht fraglich, ob zu einer so frühen Zeit *topografische Darstellungen* bereits denkmöglich waren. Interpretiert man die Darstellungen auf den Schilden als mehr oder weniger stilisierte Abbilder der Anlage von «Atlantis», bedeutet das, dass es sich bei ihnen um eine Art *prähistorischen Stadtplan* handeln würde, der sich im Übrigen erst aus der (senkrechten) Vogelperspektive ergibt.

War jenen frühen Menschen so etwas überhaupt möglich? Gab es irgendwo sonst – ausser vielleicht im alten Ägypten oder in Babylonien - Grundrissdarstellungen? Man hat die Tendenz, solches für die Menschen

Europas jener Zeit zu verneinen. Dabei vergisst man, dass das Dargestellte *einzigartig* war, eine Einzigartigkeit sondergleichen in der gesamten damaligen Lebenswelt Hunderter von Völkern.

Zwar gab es auch viele andere Ringanlagen, wie man weiss, die zum Teil noch wesentlich älter sind, doch konnte es keine mit der von Platon beschriebenen messen. Hat sie also wirklich existiert? Existierte sie in Nordeuropa, muss sie den damaligen Völkern dieser Weltgegend als *Wunder* erschienen sein, als sichtbares Zentrum der Macht, der Festgefügtheit, des «Gesetzten», als das «Gesetz» selbst.

Die Übereinstimmungen der Schildmuster mit Einzelheiten der Anlage bei Platon sind auf einigen Schilden frappant. Jeder Betrachter, der die platonische Darstellung kennt, wird dem zustimmen müssen.

Neben jenen Schilden des Herzsprungtyps, die an die Stadtanlage von Atlantis erinnern, existieren viele andere Schilde mit konzentrischen Kreisen und ringförmigen Verzierungen, die dem Muster der Herzsprungschilde nicht wirklich entsprechen, da ihnen deren Asymmetriemerkmale fehlen.

Einen Schild vom Herzsprungtyp durfte – immer vor dem Hintergrund unserer Hypothese – nur jener besitzen, der in einer exklusiven Verbindung zum Heiligtum stand, sei es durch Abstammung oder infolge seines Wohnortes im Bereich der Anlage. Alle anderen mussten sich mit Symboldarstellungen der «Ringförmigkeit» und damit der «Sonnenähnlichkeit» begnügen. Sie wurden durch diese aber auch ausgezeichnet.

Die eigenartige Rückbindung ans Religiöse, der uns die Beschäftigung mit Atlantis unterwirft, wenn wir nicht so vorgehen wie die Clowns der Atlantomanen und Atlantosophen, passt zur Existenzgrundlage des behaupteten «Atlantis». Es war keine *politische* Macht, sondern ein *Kultzentrum*, das *weltanschauliche* Macht besass, ähnlich altägyptischen Kultzentren.

Dass die von Platon beschriebenen Atlanter mit einem riesigen Heer über die Länder des östlichen Mittelmeer herfallen konnten, definiert Atlantis nicht als eine politisch-militärische Macht, die sozusagen *auch noch ihr eigenes Kultzentrum besass*, sondern als ein Kultzentrum, das die Macht besass, zu einem solchen Feldzug aufrufen zu können, ein Aufruf, dem gefolgt wurde. Nur in diesem Feldzug trat «Atlantis» als Weltmacht im Südosten in Erscheinung, doch war es an sich betrachtet bis dahin keine solche gewesen.

Dass dieser Feldzug das Echo auf den Untergang Troja gewesen sein kann, haben wir bereits besprochen. Natürlich nur, wenn Troja mit den Atlantiden versippt gewesen war, wenn einer ihrer Altväter ein Atlantide oder Poseidonide gewesen war.

Doch es kann auch sein, dass er die späte Antwort war auf den Untergang des erratischen Sonnenkults Echnatons und Nefertaris. Im Symbol des Benben-Steins, der seinerseits die Wohnstatt Atums gewesen sein soll, der dem Urhügel entsprach, auf dem zum ersten Mal die Sonne erschienen sei, könnte ein ganz frühe, noch präarchaische religiöse Verbindung bestanden haben zwischen der altägyptischen Mythologie und anderen Ausformungen letztlich desselben Urglaubens, etwa jener, die auch und gerade in Atlantis verwirklicht worden war. Das At in Atum oder Aton könnte dieselbe Bezeichnung sein, die auch in Atlas vorkommt, nämlich Vater, Urvater oder Urmann.

Der Benben wurde bekanntlich auch als Pyramide dargestellt (und als Pyramidenspitze auf den Obelisken), aber er wurde auch als Rundhügel aufgefasst und hatte in einigen Darstellungen sogar (abstrakte) Phallusgestalt. So wie der Urhügel die Urschwellung ist, die etwas ins Licht rückt, so ist schliesslich jede Schwellung, jede Rundheit und damit immer auch jede Frucht ein Spross dieses Grundmusters und damit Ausdruck phallischer, genetischer Potenz.

Akenatens Verehrung Atons, verkörpert in der Sonne, liegt womöglich eine Vorstellung zugrunde, wonach der im und auf dem Benben wohnende At (Vater) der «Erste im Licht» war, da er als Erster beschienen worden ist, mithin als Erster «erschien». Indem Akenaten sich vom Volk als dieser Erste verehren liess, während er selbst den Aten verehrte, transponiert in die Quelle des Lichts, in dem er aufscheint, verkörpert er quasi selbst den Urmythos vom im Urhügel innewohnenden Urzeuger At.

Der religiös entscheidende Punkt der Religion Akenatens wäre damit nicht die Verehrung der Sonne selbst gewesen, sondern das Erscheinen im Licht der Sonne, dargestellt als Liebkosung durch die Lichtstrahlen dieser Sonne. Psychologisch gesehen, handelte es sich hier wohl um die erste *Egotheosis*, die erste *Ichvergöttlichung* im strikten Sinne, da dieser Erste Gott jener der Urerscheinung ist, nicht – wie die späteren *Apotheosen* (Selbstvergöttlichungen) – blosse Aufstiege von *Sterblichen* in die Sphäre der Götter.

In der Version, die uns der Atlantismythos suggeriert, handelte es sich bei At um das erste Produkt der Urzeugung auf dem Urhügel im ringförmig darum herum fliessenden Wasser (Ozean). Hier ist At der Erste, der ins Licht (der Welt) gehoben wird, nachdem der Herr der Wasser (Poseidon) ihn mit der Herrin der Erde (Kleito) gezeugt hatte. Dabei muss es wohl hier so gewesen sein, dass die Erscheinung von der Lichtnatur kündete, die dem Kind anhaftete.

Oder umgekehrt, nahm hier der uralte Schöpfungsmythos, der auch in Akenatens erratischem Kult Gestalt angenommen hatte, im Norden die *Existenz blonder Menschen zum Anlass*, deren Bevorzugung durch die Sonne, deren Lichtnatur zu feiern. Dieser Ort musste somit einem jeden Schöpfungskundigen der damaligen Zeit als besonders ausgezeichnet erschienen, als besonders geeignet, «Erste» hervorzubringen, damit als ganz besonders heilig vorgekommen sein.

Es müsste sich demnach der Wunsch herausgebildet haben, bei allen Völkern, die einen ähnlichen Urmythos pflegten, sich mit Frauen oder Männern jenes Heiligtums zu verbinden, um ihre Teilhabe am Ausgezeichneten *für alle sichtbar* werden zu lassen. Mir erscheint es angesichts einer solchen Spekulation folgerichtig, hätte Akenaten seine Hauptfrau unter den Abkömmlingen von Völkern gesucht, die über die entsprechenden Merkmale verfügten, wozu die Hethiter gehörten, aber auch viele andere, möglicherweise auch die Trojaner. Ihre Abstammung ist nicht bekannt, was die These eines «Imports» bekräftigt - wenn auch nicht mehr als das.

Einer solchen, frei spekulierten Logik zufolge, müsste der Untergang des Systems des Akenaten in Ägypten über das Handelsnetz ein Echo bis hinauf zur Insel des Atlas gehabt und dazu beigetragen haben, dass später, vielleicht durch die Schleifung Ilions durch die Achäer noch einmal entscheidend beflügelt, jene frühe *Kreuzzugsidee* aufkam, von der ich sprach.

Mass

Eigenartigerweise scheint es noch keinem Atlantologen aufgefallen zu sein, dass alle von Platon überlieferten Masse im Zusammenhang mit «Atlantis», in den zu seiner Zeit üblichen, griechischen Masseinheiten ausgedrückt - Stadion, Plethron und Fuss -, runde (natürliche) Zahlen ergeben. Dieser Umstand ist merkwürdiger als die angegebenen Werte selbst.

Ob beispielsweise der äussere Erdring der Stadtanlage tatsächlich drei Stadien breit war oder nicht, ob der Zufahrtskanal 180 Meter breit und annähernd 30 Meter tief gewesen sein konnte, stellt sich als Frage hier nämlich zunächst nicht im Zusammenhang mit der allgemein bezweifelten Glaubwürdigkeit antiker Massangaben. Die angebliche Unglaubwürdigkeit antiker Grössenangaben ist ohnehin eine Marotte heutiger Archäologen, sie hat mindestens ebenso viel mit modernem Skeptizismus gegenüber dem Umfang erbrachter Leistung zu tun, wie mit der einwandfreien Feststellung tatsächlicher Übertreibungen antiker Schriftsteller, die fast nie möglich ist.

Entweder haben nun die Atlantiden beim Bau ihrer Anlagen in drei Standardmassen gemessen, deren beide grössere A und B ein Verhältnis von A:B=1:6 aufwiesen, während B seinerseits genau 100 Kleinsteinheiten C entsprach, damit man in Bezug auf das beschriebene Ringsystem und die Tiefe des Zufahrtskanals überall – o Wunder! - ganze Zahlen erhielt. Und Solon -in Kenntnis des attischen Masssystems - hätte dann, als er diese Zahlen vernahm, messerscharf geschlossen, dass es sich bei A, B und C um *Stadion, Plethron und Fuss* gehandelt haben müsse, weil diese drei Masseinheiten die gleichen Zahlenverhältnisse liefern. Oder die für «Atlantis» angegebenen Zahlenwerte sind *nur durch puren Zufall* überall ganz. Einen solchen Zufall gibt es natürlich nicht. Nannten die «Atlanter» ihre Masseinheiten einfach nur anders, während sich an den Verhältnissen zwischen den Einheiten jedoch nichts änderte, wäre damit auch nichts gewonnen. Doch nannten sie sie wie die Griechen, müssten sie die griechischen Masse doch zwingend ganz genau gekannt haben – um etwa 1'200 v. Chr. -, oder umgekehrt, die Griechen entlehnten später ihre Masse den ihnen diesbezüglich vorauseilenden «Atlantern».

Oder, in Stadien, Plethren und Fuss gemessen, hat das wahre Atlantis in seinen Ausmassen keine ganzen Zahlen ergeben, ein Umstand, den uns Solon diesfalls also tunlichst verschwiegen hätte.

Doch wieso? Wieso wird kein «atlantisches» Mass genannt? Wieso wird keine Umrechnung in griechische präsentiert? Hatten bereits jene Ägypter, die den Urbericht von den Atlantern zu Protokoll nahmen, jene Umrechnung besorgt, vorausahnend, dass siebenhundert Jahre später der Athener Solon über diesen Bericht Auskunft einholen wird? Wohl kaum!

Ob die von Platon berichteten Zahlen zusätzlich auch noch darum falsch sind, weil antike Schriftsteller es mit Mengen- und Grössenangaben nicht so genau genommen haben, wie man uns immer wieder weismachen will, kann angesichts der gerade erwähnten Grundschwierigkeit überhaupt nicht entschieden werden und ist eher das Problem unserer Skepsis in Bezug auf Leistungsfähigkeit und Wahrheitstreue vergangener Repräsentanten der menschlichen Spezies.

Haben die Atlantiden mit uns (und den Griechen) unbekannten Masseinheiten gerechnet, dann ist es – falls deren Verhältnis nicht jenes von 1:6, bzw. von 1:100 gewesen sein sollte – ganz und gar ausgeschlossen, dass die von Platon angegebenen Masse der Anlage in griechischen Stadien und Plethren ausgedrückt durchgehend runde, ganze Zahlen ergeben konnten.

Das Einzige, woran wir uns einigermassen halten können, ist das Verhältnis von 1:6. Obschon auch das Spekulation bleibt. Wenn überhaupt, dann ist es *dieses Zahlenverhältnis*, das für uns heute noch einen Anhaltspunkt liefern kann, und nicht das griechische Stadion und das griechische Plethron. Ähnliches muss auch vom Fussmass gelten, das Platon in Bezug auf die Kanaltiefe erwähnt.

Überdies hängt das Problem atlantischer Masseinheiten unliebsam mit dem Problem einer *Notation, sprich: einer Schrift* zusammen. Wie sollten die Atlanter den Ägyptern ihre Zahlenangaben – es waren ja eben gerade keine Stadien und Plethren und ganz gewiss auch keine ägyptischen Masseinheiten - begreiflich gemacht haben - ohne mitgebrachte Massstäbe?

Vielleicht gaben sie ja alles bloss in Fuss an, und Füsse kann man messen. Doch schon geringe Längenunterschiede bei wirklichen Füssen ergeben, mit Grössenordnungen multipliziert, wie sie uns hier begegnen, riesige Unterschiede. Das Ausmessen der Füsse an irgendwelchen, zufälligerweise gerade verfügbaren Atlantern kann also für sich allein genommen nicht das um 1'200 v. Chr. zur Anwendung gelangte System gewesen sein. Nicht angesichts des vergleichsweise hochstehenden ägyptischen Mass- und Protokollwesens.

Doch betrachten wir einige der alten Masszahlen, die uns Heutigen noch bekannt sind, weil man entsprechende Notate besitzt:

- 1 Fuss: 0.3 m (28-32 cm). In Altägypten betrug der Fuss 29.6 cm, was auch dem römischen Fuss von 4 Handbreiten oder 16 Fingern entsprochen habe
- 1 Stadion: 600 Fuss, entsprechend 165-196 m (attisch: 178 m). *In diesem Buch rechne ich es zu 180 m*
- 1 Plethron: 100 Fuss, entsprechend 30.83 m. *In diesem Buch rechne ich es zu 31 m*
- Ausserdem gab es bei den Römern den Schritt (gradus) von 2.5 Fuss, entsprechend 74 cm, doch seine Länge wird unterschiedlich angegeben
- Die ägyptische Elle betrug 0.45 cm, die griechische 0.46 cm
- Zur Bestimmung der Wassertiefe gab es in späterer Zeit den Faden: 1.83 m (2 Yards oder 6 Fuss)
- Ein hypothetischer, *megalithischer* Faden rechnet sich zu 1.65 cm (2 megalithische Yards zu rund 83 cm, siehe dazu weiter unten)[9]

Gehen wir zuerst das Problem der Tiefe des von den «Atlantern» gegrabenen Zufahrtskanals an. Dabei machen wir eine grundsätzliche Überlegung, die uns davon dispensiert, die damalige Grösse eines Fusses ken-

---

[9] Thom, A., The Megalithic Unit of Length. Journal of the Royal Statistical Society. Series A, Vol. 125 (243-251), 1962, sowie : Megalithic Sites in Britain, Clarendon Press, 1967

nen zu müssen. Denn in Bezug auf die Wassertiefe müssen wir ganz einfach in das platonische Fabulieren (denn hier fabuliert Platon ganz sicher) eingreifen, bevor grösserer Schaden angerichtet ist.

Die Kanaltiefe wird von Platon nämlich erstaunlicherweise mit 100 Fuss angegeben, das wären runde 31 m, also ein Plethron. Zudem sei der Kanal 93 m breit gewesen, drei Plethren (ein halbes Stadion).

Doch wieso sollten die Atlantiden für ihre Zwecke einen Kanal von derartiger Tiefe ausgehoben haben, bzw. überhaupt so etwas überhaupt gekonnt haben?

Der *Suezkanal* wurde mit einer Kanaltiefe von 8 m (später auf 11 m erweitert) projektiert, mit einer initial 22 m breiten Sohle und einem 58 m breiten Wasserspiegel. Die Breite betrug später zwischen 58 m und 100 m und wurde später nochmals erweitert. Der Suezkanal ist ein Projekt der Neuzeit. Hier standen technische Hilfsmittel und eine ausgereifte Ingenieurskunst zur Verfügung, ganz anders, als in der frühen Bronzezeit. *Selbst für moderne Grossschiffe reicht für den Suezkanal eine Tiefe von rund 10 m offensichtlich aus.*

Ein Kanal von 93 m Breite, der auf 31 m Tiefe ausgehoben worden wäre, wäre – wenn der Untergrund sandig oder kiesig war - rasch durch Rutschungen unter Wasser soweit wieder zugeschüttet worden, dass seine Fahrrinne schon sehr bald nicht über fünfzehn Meter tief gewesen wäre. War der Untergrund jedoch felsig, möge man uns die Ingenieurskunst erst einmal zeigen, die in der frühen Bronzezeit dazu befähigt hätte, einen solchen Kanal, der 9 km lang gewesen sei, innert nützlicher Frist auszuheben! Ganz zu schweigen vom völlig unlösbaren Problem der Abgrenzung des Kanals während des Baus gegenüber dem enormen Wasserdruck des angrenzenden Meeres, in das er später einmünden musste, ein Landriegel, der dann erst noch hätte durchbrochen werden müssen. Ein solches Unterfangen war schlicht unmöglich, nicht einmal denkbar. Und es war ja auch ganz und gar unnötig, wenn man sich die Lage überlegt.

Absurd ist die Kanaltiefe von 31 m vor allem auch angesichts der Annahme, dass das umliegende Meeresgebiet in den überhaupt in Frage kommenden Weltgegenden an keiner Küstenstelle auch nur annähernd so tief wie dieser Kanal gewesen sein konnte. An keiner Stelle, an der man eine solche Anlage mit einiger Rationalität vermuten kann, ist das umliegende Meer, in das der Kanal hätte münden müssen, tiefer als etwa zehn Meter.

Das eigentliche Argument für einen ungleich viel seichteren Kanal liegt jedoch in der sehr geringen Kieltiefe der damaligen Schiffe und Boote.

Üblicherweise misst der Seemann die Tiefe des unter dem Boot liegenden Wassers mit einem *Fadenmass.* Der Faden entspricht dabei – nicht von ungefähr - etwa einer Mannlänge. Bei einer Mannlänge Wassertiefe war ein Gewässer für alle damaligen Boote und Schiffe praktisch sicher befahrbar. Das hatte damit zu tun, dass diese Fahrzeuge noch recht klein und vor allem flach gebaut waren. Kielschwerter beispielsweise waren noch unbekannt und wurden bei Ruderschiffen auch nicht gebraucht. Auch Segelschiffe mit Rahtakelung benötigten keine Kielschwerter. Zudem wurden alle damaligen Wasserfahrzeuge immer auch auf Flüssen, auf Seen und im flachen Buchtwasser verwendet, um zu den Siedlungen zu gelangen. Die Häfen bestanden damals noch in flachen Stränden in seegeschützten Buchten. Denn alle Boote und Schiffe mussten aufs Land gezogen werden können, nur mit Manneskraft, in der Regel durch die Mannschaft des Fahrzeugs selbst.

Auf Flüssen war es essentiell, dass ein Schiff auch getreidelt werden konnte, entweder vom Ufer aus *oder durch im Wasser watende Männer,* sodass die Wassertiefe, in denen man oft manövrierte, meistens geringer war als eine Mannlänge (Fadenlänge). Der neben dem Boot oder Schiff im Wasser stehende Mann war das natürliche Mass zur Feststellung der lokalen Tiefe. Die Flussschiffahrt in unbekannten Gewässern erforderte oft, wenn sich die Wasserrinnen in den Oberläufen verengten und die Wasserstände niedriger wurden, dass dem Schiff oder Boot ein Mann watend vorausging um persönlich und für alle sichtbar nachzuweisen, dass das Gewässer immer noch schiffbar war. Diese Methode war an vielen Stellen effizienter als das Werfen eines Lots, denn sie eruierte die Wassertiefe noch vor dem Bug und war am watenden Mann unmittelbar lesbar. In den Wasserläufen jener Weltgegenden, von denen wir hier reden, gab es keine Krokodile oder andere gefährliche Tiere, wie in Ägypten, den Subtropen und den Tropen. Die einzige Gefahr bestand im moorigen Untergrund, doch konnte ein Mann bei Bedarf rasch an Bord gezogen werden.

Der von Platon erwähnte Kanal kann nicht nur nicht 31 m tief gewesen sein, *er durfte in der Mitte der Fahrrinne gar nicht tiefer als 2-3 Faden sein,* vorausgesetzt, es gab keinen nennenswerten Tidenhub. Zudem durfte er keine steilen Uferwände aufweisen, wollte man das Werk nicht durch Rutschungen gefährden, und wollte man treideln können. Der Treidelweg musste praktisch auf Wasserhöhe verlaufen, und zwar beidseits des Kanals. Das Kanalprofil wird also einer sehr flachen Wanne geglichen haben mit einer etwa zwei Drittel der Gesamtbreite ausmachenden, zentralen Fahrrinne von 2-3 Faden Tiefe. Gegen die Ufer zu musste der Kanal bis auf Fadentiefe seicht sein.

Auch die von Platon genannte Breite von annähernd 93 m ist völlig unnötig. Die damaligen Schiffe hatten eine Breite nicht über 6 m, inklusive die Ruderbreite. Der Schiffsverkehr auf dem Kanal musste in beide Richtungen ungehindert erfolgen können. Das Überholen anderer Schiffe musste möglich sein. Eine Breite der befahrbaren Wasserrinne von rund zehn Schiffsbreiten oder maximal 60 m dürfte funktional gewesen sein, betrachtet man alle genannten Faktoren zusammen. Ein solcher Kanal liess sich damals ausheben, und er musste und durfte keine sonderlich befestigten Ufer aufweisen. Er kann auch an gewissen Stellen seeartig ausgeweitet gewesen sein, damit man anlanden, Waren aus- oder einladen,

Menschen von Bord oder an Bord nehmen und Schäden am Schiff beheben konnte. Ausserdem liess er sich ans offene Meer technisch gefahrlos anschliessen.

Eine andere Überlegung betrifft die Frage nach einem an dieser Stelle möglichen Tidenhub. In der deutschen Bucht hätte dieser wohl bis zu 5 m betragen. Stellte man die Anforderung, dass die Kanäle auch bei Ebbe befahrbar sein mussten, ergäbe sich die Notwendigkeit einer Kanaltiefe von 10-12 m. Die Kanaltiefe bemisst sich im Übrigen als reine Wassertiefe. Überhohe Ufer zählen dabei nicht. Selbst wenn das umgebende Land einige Meter über dem Wasser gelegen haben sollte, kann dieses Land höchstens 2-3 m höher gelegen haben, denn sonst bekommen wir Schwierigkeiten mit dem späteren Untergang der Insel und dem Schlammmeer, das diese zurückliess. In der Ostsee gibt es keinen nennenswerten Tidenhub, daher entfallen hier Überlegungen dazu.

Viel wahrscheinlicher ist also, dass die Wassertiefe des Kanals nicht in Fuss angegeben wurde, was ohnehin bei Wassertiefen selten der Fall ist, sondern in Handbreiten. Die ägyptische Handbreite betrug rund 7.5 cm (entsprechend knapp 4 ägyptischen Fingerbreiten). Betrug die Kanaltiefe an ihrem Scheitelpunkt 100 Handbreiten, waren das 7.5 m (etwa 4.5 hypothetische Faden jener Zeit). Damit können wir hier durchaus leben. Das Kanalprofil entsprach dabei einer flachen Wanne mit tiefstem Punkt in der Mitte.

7.5 m (100 Handbreit)

Was nun das sogenannte *Stadion* (und damit immer auch das Plethron) angeht, gebricht es uns in Bezug auf unseren Gegenstand «Atlantis» an einer vergleichbaren, rational-technischen Handhabe wie bei der Wassertiefe. Sonst müssten wir ja wissen, wie gross die Gesamtanlage wirklich gewesen ist, und hierzu müssten wir sie erst einmal gefunden haben.

Mit anderen Worten, lässt sich die Länge dieses Stadions erst angeben, wenn man Atlantis gefunden hat, und dort muss es einigermassen so ausgesehen haben, wie Platon es uns beschreibt. Was demnach einigermassen gegeben sein muss, ist die Gewissheit des Zahlenverhältnisses von 1:6 in Bezug auf Stadion und Plethron, aber noch weit mehr müssen die Ringzahlenverhältnisse stimmen, die Platon uns angibt. Das heisst, wir können ein allfälliges reales Atlantis nur finden, wenn wir eine «Anlage», bzw. deren Überreste, vor uns haben, wo sich nachzeichnen lässt, dass es da eine Kerninsel gegeben hat, die von einigermassen konzentrischen, ringförmigen Kanälen und Landstreifen umrundet gewesen war, deren gegenseitiges Zahlenverhältnis etwa jenem entsprochen haben könnte, das uns Platon für sein «Atlantis» angibt.

Ein Korollar dieser Logik ist natürlich, dass Atlantis in diesem Fall dann genau so gross war, wie man es am jeweiligen Ort nachvollziehen kann. Das heisst, dass ein Atlantis, das der Ringstruktur und etwa den Zahlenverhältnissen entspricht, die Platon erwähnt, von anderer Grösse sein wird, je nachdem wo wir es finden. Wir können nicht nach einer Struktur suchen, welche die Grösse des platonischen «Atlantis» aufweist, denn die ist ja, wie wir sahen, ganz sicher irrational. Doch kann es auch nicht viel kleiner oder grösser gewesen sein, weil wir sonst in Schwierigkeiten geraten würden, was all die anderen Angaben dazu angeht. Es wird also eine Bandbreite von - sagen wir vernünftigerweise - *plus minus einem Drittel* der platonischen Gesamtausmasse angenommen werden dürfen. Die Geometrie der Anlage muss auch keineswegs perfekt gewesen sein, wie wir bereits diskutiert haben. Vielmehr sind unregelmässig eiförmige Ringe sowohl kultisch, als auch technisch für uns in Bezug auf das, was Atlantis dargestellt haben musste rationaler als geometrisch absolut kreisförmige.

Auch müssen wir dem Umstand Rechnung tragen, dass die Wasser-systeme der Anlage nur sehr seicht gewesen sein konnten und durften, sodass sie heute grösstenteils zugeschüttet und damit nur noch schwer nachzuvollziehen sein werden. Andererseits waren aber auch die Land-ringe nur sehr knapp über das Wasserniveau ragende Formationen, so dass auch sie beim von Platon berichteten Untergang der Insel teilweise weggespült worden sein können. *Die Gesamtstruktur eines jeden realen Atlan-tis, das man überhaupt finden kann, wird also heute nur noch in Teilen nachvollzieh-bar vorhanden sein, und sie wird ungenau sein, ihre Gesamtmasse werden in keinem Fall den platonischen entsprechen, jedoch nicht mehr als ein Drittel kleiner oder grösser als diese sein.*

Die Chance, dass man ein solches Atlantis heute noch findet, sind zwar gering, aber nicht null. Das Gebiet, wenn es nicht ganz versunken ist, was es zumindest zu Zeiten Solon in Sais nicht war, wird heute noch entweder knapp unter Wasser liegen, oder aber knapp darüber, bzw. bei-des nebeneinander, je nach der betrachteten Stelle. Zudem kann es unbe-baut sein oder bebaut, es kann unverändert da liegen oder bis zur Un-kenntlichkeit zerstört sein, etwa, indem heute dort eine Stadt oder ein In-dustriegelände liegt. Aus grosser Höhe jedoch müsste die Anlage heute noch sichtbar sein, selbst wenn man sie am Boden nicht mehr nachweisen kann. Satelliten- oder Flugaufnahmen, gegebenenfalls mit geeigneter Fil-tertechnik, müssten die Anlage zutage treten lassen, sofern sie nicht grundlegend zerstört worden ist.

Wie ich schon ganz zu Beginn kundgetan habe, glaube ich, dass das reale Atlantis unter dem heutigen Kopenhagen liegt. Natürlich ist das ein Glaube. Um nun herauszufinden, wie die realen Masse einer solchen An-lage ausgesehen haben, müssen wir uns so oder so auf einen Fundort konzentrieren. *Denn bei «Atlantis» bedeutet, es zu suchen, es zu finden, woraus man dann erst ableiten kann, was überhaupt zu suchen war.*

Machen wir also den Versuch mit Kopenhagen. Es klingt verrückt, doch ist es nicht schon verrückt, dass wir uns überhaupt mit «Atlantis» beschäftigen? Schauen wir lieber, was dabei herauskommt.

Unser Ausgangspunkt ist folgender: Was im Atlantisbericht als *Stadion* bezeichnet wird, ist der *13.5te Teil des Gesamtradius* der Anlage. Das ist die einzige wirkliche Handhabe, die wir in Bezug auf das Längenmass besitzen. Das bedeutet auch, dass das atlantische Stadion dem Durchmesser der auf der Kerninsel gelegenen zentralen Tempelanlage entsprochen hat. Diese wird denn auch so angegeben. Sollten wir also eine solche Tempelanlage heute noch finden, dann lässt sich das atlantische Stadion errechnen. Doch ist ein solcher Fund unwahrscheinlich, zumal wir ja bloss spekulieren können, wie dieser Tempel ausgesehen hatte. Es erschien mir einigermass rational, ihn als einen umgestalteten, steinzeitlichen Hügel aufzufassen, einen Long Barrow, der vermutlich später terrassiert worden ist, und in den hinein ein Gang- und Kammersystem ausgebaut wurde. Eine solcher Hügel war länglich. Heute würde er wohl, angesichts der Flutkatastrophe, von der Platon uns berichtet, grösstenteils verschwunden sein. Zu finden wären an sich noch die Mannsteine und andere schwere Brocken, mit denen er ausgeschachtet oder besetzt war. Doch aus solchen Überresten könnten wir heute die tatsächliche Länge des einstigen Hügels wohl kaum noch errechnen. Die Suche nach dem Tempel ist also relativ unfruchtbar.

Es hilft uns also nur der Blick auf die heutige Topografie Kopenhagens mit der Frage, ob wir darin noch Strukturen erkennen können, aufgrund derer wir eine ungefähre Rekonstruktion wagen dürfen. Sie würde uns dazu führen – unter Verwendung des Rasters der 13.5 Grosseinheiten für den Gesamtradius – die ungefähre Lage und Grösse der Kerninsel zu bestimmen und damit die ungefähre Lage des einstigen Urhügels oder Tempels. Das heisst, wir müssen jetzt dazu stehen, dass wir einen irrationalen Gedanken zum Ausgangspunkt unserer Spekulationen machen. Er

lautet, dass wir in gewissen Strukturen des heutigen Kopenhagens Überbleibsel der einstigen Anlage «wiedererkennen» können. Nichts kann
diese Annahme rational machen oder gar begründen. Das Ganze ist rein
spekulativ. Doch wäre sie es auch an jeder anderen Fundstelle! Überall,
wo jemand ein «Atlantis» findet, steht am Anfang ein solch irrationaler
Akt. De Lage ist an keinem Ort der Welt grundsätzlich besser als hier.
Also können wir auch gleich hier mit der Untersuchung beginnen. Nichts
spricht dafür, aber eben auch nichts dagegen.

Bei der «Kopenhagener Lösung» der Ringanlage[10] orientieren wir uns
initial an *zwei Punkten der Stadt* und an einer einigermassen plausiblen Annahme in Bezug auf Seen, Tümpel, Marschen und Moose, die nach dem
Untergang der Anlage übriggeblieben sein müssen.

Der erste Punkt ist der folgende. Wir nehmen das Bogensegment der
im Nordwesten des Stadtzentrums gelegenen Seen *als die auf den Überresten*
des äusseren Wasserrings zweieinhalbtausend Jahre später errichteten sogenannten Wasserspeicher. Diese Wasserspeicher beruhen in unserer Hypothese auf Überresten älterer, dortiger Wasservorkommen in Form von
Seen, Tümpeln und Moosen, die ihrerseits die letzten Überreste des
äusseren Wasserrings gewesen sein müssen. Die Kopenhagener Seen sind
somit *nicht selbst* Überreste des äusseren Wasserrings, sie beruhen lediglich
auf solchen. Das ist unsere erste Annahme.

Unser zweiter Punkt betrifft die ehemalige Anlagenmitte. Diese lässt
sich einigermassen verorten, wenn man das heutige Ringsystem Kopenhagens, das viel neueren Datums ist, als ein Ganzes betrachtet und dabei
unterstellt, dass es praktisch überall auf Überreste zurückgriff, welche die

---

[10] Ironischerweise soll es nun also neben der Kopenhagener Deutung in der Quan-
tenphysik auch noch eine Kopenhagener Lösung in der Atlantologie geben.

seinerzeitige Flut übriggelassen oder neu geschaffen hatte. Als Ringsystem bezeichne ich hier jene Wassergräben, die von König Christian neu geschaffen worden, und die Park- und Teichanlagen, die später zum Teil daraus entstanden sind. Ich unterstelle, dass die Werke Christians überall, wo es möglich war, auf damals noch vorhandenen, verwertbaren Geländeformationen aufgesetzt haben, die ihrerseits letzte Überreste jener längst versunkenen Uranlage darstellten, ohne dass jemand noch davon wusste.

Gehen wir so vor, können wir in Bezug auf die ehemalige Anlagenmitte annehmen, dass die zentrale Insel ihre Mitte – erstaunlicherweise - im Bereich des heutigen Kongens Nytorv gehabt haben muss. Diese Insel konnte nicht gänzlich zerstört worden sein, sie war der natürliche Kern der ganzen Anlage und erhob sich «allseits niedrig» über die Ebene. Auch wird berichtet, dass sie einen felsigen Untergrund hatte, von der Steine gebrochen worden sein sollen, und in den an wenigen Stellen Schiffsbunker eingelassen gewesen seien.

Die ehemalige Zentralinsel – unter Berücksichtigung des Rasters der 13.5 Grosseinheiten für den Radius - lässt sich so etwa zwischen Holmens Kirke und dem Odd Fellows Palast vermuten. Südwestlich davon wird dieser Bezirk noch durch den ihn einst umgebenden Graben begrenzt, der ab Höhe Höjbro verlandet ist. Der wohl noch erhaltene Rest entspricht in etwa der Wasserstrecke zwischen dem Gammel Strand und dem Inderhavn und ist ein Kreisausschnitt.

Von diesen zwei Annahmen ausgehend, lässt sich das gesamte Areal mithilfe der Strecke zwischen der Daniel Kirke an der Nörrebrogade am äusseren Ufer des Sees und dem Kongens Nytorf «berechnen». Die auf diese Weise zustande kommende Gesamtanlage war *kleiner* als die von Platon unter Abstützung auf griechische Längenmasse beschriebene.

Für Kopenhagen wäre die platonische Anlage zu gross. Das zeigt, wie enorm diese Anlage grundsätzlich war, die im Atlantisbericht beschrieben wird. Sie war so gross, dass ihre Überreste heute noch sichtbar sein müssen, egal wo sie lag. Zudem erforderten diese Riesenmasse ein Umland, das so gross war, dass die meisten Orte, an denen man Atlantis vermutet, von vorneherein ausser Betracht fallen, meines Erachtens auch das hypothetische Protohelgoland Spanuths (siehe die erste Abbildung in diesem Buch). Selbst die kleinere «Kopenhagener Lösung» hätte dort kaum Platz, angesichts des beschriebenen Umgeländes, das immer noch viel zu gross wäre, um sinnvoll platziert werden zu können. Meines Erachtens besteht nur bei Kopenhagen eine echte Platzierungsmöglichkeit, die nicht von vorneherein illusionär ist.

In der folgenden Tabelle werden das von Platon in griechischen Stadien bemessene Ringsystem und das Kopenhagener System nebeneinandergestellt:

Platons «Atlantis»   «Kopenhagener Lösung»

Wasser	Auss. Ring	Wasser	Inn. Ring	Wasser	Insel	Total	Wasser	Auss. Ring	Wasser	Inn. Ring	Wasser	Insel	Total
3 E	3 E	2 E	2 E	1 E	2.5 E	13.5	3 E	3 E	2 E	2 E	1 E	2.5 E	13.5
540 m	540m	360m	360m	180m	450m		375m	375m	250m	250m	125m	312.5m	
			630m							437.5m			
		990m							687.5m				
	1'350m							937.5m					
1'890m							1'312.5m						
2'430m							1'687.5m						

Wo Solon und Platon mit dem griechischen Stadion von ca. 180 m und dem Plethron von ca. 31 m rechneten, gelangen wir in Bezug auf Kopenhagen zu einer «Stadienlänge» von ca. 125 m. So lange muss auch der seinerzeitige Tempel gewesen sein, den wir als umgestalteten *Long Barrow* interpretiert haben.

Wir rechnen also, nachdem wir den Gesamtradius, den wir schätzten, in 13.5 Einheiten zerlegten, mit einem «Kopenhagener Stadion» von etwa 125 m.

Dieses rechnen wir nun wie Platon zu 600 Fuss. *Daraus resultiert ein Fuss von lediglich 20.83 cm.* Ein solcher Fuss scheint zunächst deutlich zu klein zu sein.

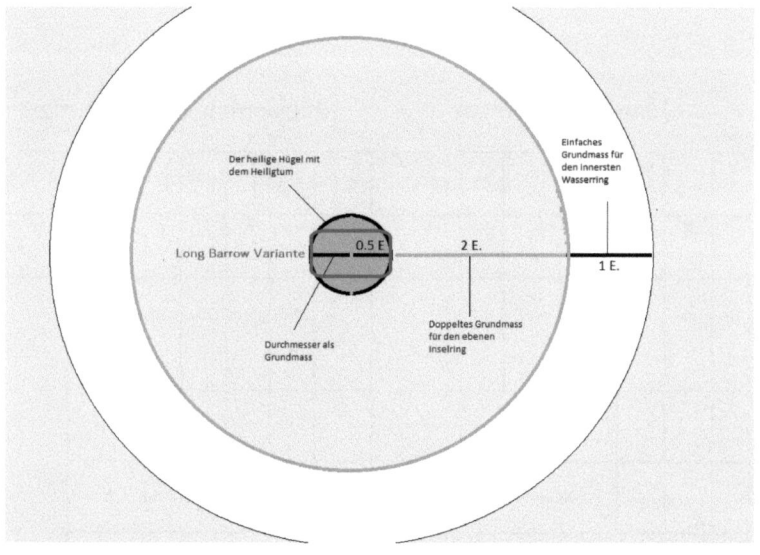

Doch multiplizieren wir diesen Fuss mit 4, erhalten wir eine Masseinheit von 83.33 cm. Diese entspricht praktisch punktgenau dem von Thom errechneten «megalithischen Yard»[11]. Der megalithische Yard war laut Thom nicht wie der moderne ein Dreifuss-, sondern ein Vierfussmass. Der «megalithische Fuss» muss also dem von uns errechneten für Kopenhagen entsprochen haben. Das ist doch ein recht überraschendes Ergebnis, das uns womöglich anzeigt, dass wir auf dem richtigen Weg sind?

Das auf diese Weise neu berechnete «Kopenhagener Plethron» wäre 20.83 m, also hundert megalithische Fuss. Die Kanaltiefe, die Platon in Fuss angibt, wobei er von 100 Fuss spricht – wohl, um einem Plethron zu entsprechen -, hatten wir bereits thematisiert, wobei wir aufgewiesen haben, dass es sich wohl eher um Handbreiten gehandelt haben musste, denn um Fuss. Wenn wir jetzt wissen, dass der in der «Kopenhagener Lösung» eruierte Fuss runde zehn Zentimeter kürzer ist als der alte ägyptische, bedeutet das nun aber nicht, dass infolgedessen die Kanaltiefe bei rund 21 m gelegen habe. Denn die Kanäle von «Atlantis» konnten grundsätzlich nicht so tief gewesen sein. Es liegt hier (bei der Tiefenbestimmung und bei der erforderlichen Kanaltiefe) ein *materielles* Problem vor, kein blosses Problem der Grösse des verwendeten Fussmasses.

Nehmen wir Kopenhagen als jenen Ort, unter dem die letzten Reste der von den saitischen Gewährsmännern dem Solon beschriebenen Ringanlage liegen, erhalten wir überraschend eine das solonisch-platonische Stadienproblem entschärfende Erkenntnis. Ein hypothetisches, «megalithisches» Stadion wäre zwar ebenfalls 600 Fuss lang gewesen und das «megalithische» Plethron ebenfalls 100 «megalithische» Fuss. *Solon muss unserer Meinung nach somit als Grundeinheit für die Breite des innersten Ringkanals von den Priestern in Sais die Zahl «600 Fuss» vernommen haben. Und er schloss daraus, dass dies 1 (attisches) Stadion gewesen sein müsse, denn auch dieses betrug*

---

[11] Thom, A., The Megalithic Unit of Length. Journal of the Royal Statistical Society. Series A, Vol. 125 (243-251), 1962, sowie : Megalithic Sites in Britain, Clarendon Press, 1967

600 Fuss. Was er aber nicht wusste war, dass dieser Fuss nicht jener Fuss war, den man im Griechenland seiner Zeit verwendete.

Immer wieder müssen wir uns jedoch davon lösen, das moderne Ringsystem Kopenhagens als ein Überbleibsel jenes uralten zu sehen, obschon es ähnlich aussieht, vor allem aus grosser Höhe betrachtet. Als Kopenhagen ausgebaut wurde, war das Gebiet des späteren *Christianshavn* noch eine weitverzweigte Fläche von Seen, Tümpeln, Moosen und Marschen. In diesem Gebiet mag es noch ringsegmentförmig angelegte Strukturen gegeben haben, was König Christian auf den halbkreisförmigen Wehrkanal gebracht haben mag, der dem äusseren Ringkanal von Alt-Atlantis gleicht. Doch besteht hier kein nachweisbarer Zusammenhang.

Offenbar konnten sich jene Teile des äusseren Wasserrings am längsten halten, die am weitesten von der Überflutungszone entfernt lagen, gegen die sanft ansteigenden Hügelgebiete hin, die Kopenhagen im Norden und Westen umgeben.

Daher glaube ich, sind die heutigen Seen im Nordwesten revitalisierte Teile jenes äussersten Umfassungskanals, in etwa in der alten Breite. Doch ist die Übereinstimmung nicht total, es liegen zweieinhalb Jahrtausende dazwischen, und die Rekonstruktion folgte anderen räumlichen Notwendigkeiten und zudem uneingedenk ihrer Vorläuferin.

Der zweite Wasserring ist weitgehend verschwunden. Reste davon dürften in der ringförmigen Grünzone liegen, welche die Innenstadt Kopenhagens umgibt, die einst auch zum Wehrgrabensystem Kopenhagens gehört hat. Auf der Südseite hingegen muss der Untergang in der Flut die Anlage weitgehend zerstört haben. Was heute aussieht, als wären es Teile davon, wurde von König Christian neu geschaffen. Der durch ganz Kopenhagen ziehende, unterschiedlich breite Innenhafen deutet darauf hin, dass sich die anflutenden Wassermassen eine Passage quer durch die ganze Anlage erzwungen hatten.

Der Zufahrtskanal kann sowohl nach Nordosten geführt haben, als auch nach Südwesten. Auf beide Seiten hin betrug die Distanz zur Küste etwa gleichviel. In unserem Kopenhagener Mass wären das rund 6 km gewesen.

Die Wassermassen, die die Ringanlage überflossen haben, müssen nicht nur den Ostteil der grossen Ebene in eine Schlammwüste verwandelt haben, sondern auch den westlichen Teil des heutigen Amager. Der Kalveboden, der Meerbusen in diesem Bereich, ist in der jetzigen Form nicht sehr alt. Er war früher grösser, wie alte Grafiken zeigen (siehe unten), das Meer reichte von Südwesten bis Kopenhagen. Doch waren das eben jene Verhältnisse, welche die Flut geschaffen hatte. Mit der Zeit verlandeten die westlichen Teile Amagers wieder – unterstützt durch Drainage -, und auch die Gegenküste wurde an vielen Stellen künstlich vorverlegt.

Der Ostteil der von Platon beschriebenen Ebene hingegen versank mit den Jahrtausenden im Öresund. Übrig blieb Saltholm als östliche Ecke der versunkenen Ebene. Die ehemalige Küstenlinie dürfte von Charlottenlund in einem Bogen um Saltholm herumgeführt und bei Dragör den Anschluss ans heutige Amager gefunden haben.

Auf dem Höhepunkt der Überflutung muss das Meer zwischen dem heutigen Osthafen Kopenhagens und dem Kalveboden durchgebrochen sein, ebenso zwischen Saltholm und Dragör, so dass sich danach das Bild einer nur an ihrer Spitze noch mit Sjaelland verbundenen Schäre geboten hat. Im Bereich dieser Spitze bestand die Vereinigung mit Sjaelland in einem Wasserkomplex, in dem sich vage die alten Strukturen noch eine Zeit lang erhalten haben, ehe die Verlandung die Herrschaft des Wassers nach anderthalb Jahrtausenden wieder beendete. Geblieben hingegen ist der Durchbruch durch die Gesamtanlage in Form des Innenhafens.

Das heutige Kopenhagen, das auf der Schlossinsel ums Jahr 1000 n. Chr. entstand, begann unserer Hypothese zufolge auf einem letzten Rest des inneren Landrings und auf der einstigen Zentralinsel, die längst schon keine mehr war. Die Stadt breitete sich im Bereich des inneren Rings und der Zentralinsel aus, zwischen denen der einstige Kanal, der etwa 125m breit gewesen muss, zugeschüttet lag, mit Ausnahme des Stücks bis zum «Alten Strand».

Die nordwestlichen Reststrukturen bestimmten die Ausdehnung Kopenhagens über Jahrhunderte, ebenso wie die Anlage von Gärten und Teichen, die sich ringförmig um die Stadt legten. Im Nybodn musste wohl erst wieder durchgängig fester Grund geschaffen werden, ehe er bebaut werden konnte.

Ort

Die Anlage, die wir suchen und die Platon beschreibt, war in frühester Zeit von einer ähnlichen Zweckbestimmung wie beispielsweise jene in Avebury/Silbury in Südengland, folgen wir den Überlegungen der Landschaftsmythologen. Sie war dem Kult der Grossen Göttin (der Erde) und ihrer jährlichen rituellen Befruchtung geweiht und damit auch eine Kultstätte im Erdkalenderjahr.

Wie wir sahen, koinzidierte dieser Kult an diesem Ort möglicherweise mit einer Laune der menschlichen Genetik, was ihm mächtig Auftrieb verliehen haben muss.

Grundlage der Anlage war ja bereits eine Laune der Natur gewesen. Es gab dort eine mehrkreisige, unregelmässig geformte Wasserlandschaft am Rande einer Ebene, die auf drei Seiten vom Meer umgeben lag.

Launen der Natur waren es, die man in jener uralten Zeit überall als Emanationen, als Kundgebungen der Göttin las. Sie erschienen den Menschen numinos bedeutsam. Die Natur selbst hatte hier einen Begegnungsplatz geschaffen, den die Menschen über Jahrhunderte hinweg nur immer weiter ausbauten. Das allzu Unregelmässige wurde begradigt, Vorhandenes betont und ausgeschmückt.

Als infolge des Metall- und Bernsteinhandels mit südlichen Kulturvölkern der Bedarf nach einem Handelszentrum entstand, vermutlich etwa ab 1'500 v. Chr., bot sich diese Kultanlage nicht nur aufgrund ihrer Lage, sondern auch wegen ihres gewaltigen Bedeutung im Fruchtbarkeits- und dem damit verbundenen Sonnenkult und der lokalen Siedlung dafür an. Die Gegend war zu Wasser leicht erreichbar. Das Meer war hier wie ein See. Sie lag günstig nicht nur in Bezug auf die Handelsware, sondern auch in Bezug auf das Nordland, und sie war – was sich als noch wichtiger herausstellen sollte – für Konkurrenten praktisch unerreichbar, vor allem für solche aus dem Westen.

Die ganze Region gewann an Macht und musste diese nicht nur verteidigen können, sie musste auch gelegentlich angreifen, um sich durchzusetzen.

Als maritimes Zentrum war der Ort naturgemäss eine Männerdomäne. Seewege wurden gegenüber Landwegen immer wichtiger, der Handel erfolgte immer häufiger durch Händler des eigenen Volkes, die auf Schiffen unterwegs waren. Dabei konnten sie auf das Bündnissystem zählen, das Platon beschreibt, das aus uralter Zeit stammte, als das Heiligtum entstand. Sie ruderten somit grösstenteils in Heimatgewässern, ohne jede wirkliche Konkurrenz, ein Vorteil gegenüber den Landwegen, die nach Süden durch die Gebiete fremder Völker führten. Doch auch diese Wege werden die Menschen optimiert haben, vor allem den Weg durch die Weiten Russlands bis zum Schwarzen Meer, der auf Flüssen ebenfalls grösstenteils mit dem Boot zurückgelegt werden konnte. Die Boote mussten nur an einer einzigen Stelle und vergleichsweise nicht sehr weit, von ihren Mannschaften getragen oder auf Fuhrwerken befördert werden.

Die Heimatgewässer erstreckten sich aus genealogischen Gründen entlang der Ostsee- und der Atlantikküste-, gewiss mit Unterbrüchen - bis zum heutigen Cádiz und im Osten bis Troja.

Dass Gadeiros, der Zwillingsbruder des Atlas, den strategisch wichtigsten Ort in Bezug auf den Handel mit den westmittelmeerischen Partnern zugesprochen erhalten hatte, erscheint aufgrund der Bedeutung dieses Ortes folgerichtig. Dieser Punkt am Eingang zum Mittelmeer war von zentraler Bedeutung für das westliche Handelsnetz. Analoges dürfte auch im östlichen Netz geschehen sein, vermutlich in Troja. Was im Atlantisbericht für den Leser zufällig wirken muss, erweist sich nun als logisch. Die Insel von Cádiz wurde so zum zweiten Hauptort im Bündnisbereich, zum zweiten Hauptumschlagspunkt, nicht zuletzt, weil sie so weit entfernt lag und zugleich eine Zentrumsfunktion übernehmen musste. Von dort aus, wiederum auf halber Strecke bis zum Ostmittelmeer, wo sich die Hauptklientel befand, das mykenische Griechenland, Westanatolien mit Ilion, das Hethiterreich und Ägypten, befanden sich die Insel Malta, beziehungsweise das viel spätere Karthago.

Lesen wir Platon sorgfältig, so beschreibt er, wie mehrfach erwähnt, nebst der Insel des Atlas nicht etwa ein Imperium, wie man es aus späterer Zeit kennt, kein «Atlantis» als Reich, sondern ein Bündnissystem unterschiedlicher Volkschaften, zusammengehalten nur durch die gemeinsame Dynastie, die aus der Steinzeit überkommen war.

Damals markierten die genealogischen Verhältnisse der Abstammung der zehn Könige (bzw. ihrer Statthalter) von Poseidon und Kleito, unter der Anführung jenes Königs mit dem Titel-Namen «Atlas», die Sippenstruktur eines solchen Herrschergeschlechts. Die Atlantiden waren kein einheitliches Volk, als das man sie verstanden wissen will, sie waren eine Sippe aus dem Geschlecht Poseidons und Kleitos, die religiös-kultisch begründet dominierte, andererseits war sie aber auch das Bündnis verschiedenster Völker, die einen jener zehn Könige zum Anführer genommen oder bekommen hatten. Diese Volkschaften siedelten zwischen dem Bosporus, dem Baltikum, Schweden, Britannien, Westfrankreich und Südiberien und waren als Bevölkerungen autochthon. Ihre Zugehörigkeit zum Bündnis lief über die jeweilige Chefsippe, und nur diese darf im strengen Sinn überhaupt «atlantisch» genannt werden.

Aus dieser speziellen Situation erwuchs die Schwierigkeit, «Atlantis» korrekt zu beschreiben. Es ist keine einsame – wenn auch noch so grosse - Insel und auch kein kompaktes Festlandreich, wie viel später das Römische. «Atlantis» ist das Bündnis der Atlantiden, der Abkömmlinge jenes Urpaars, und es wird dominiert von einer kleinen, aber aussergewöhnlichen Insel, jener des «Atlas», des Königs, der als einziger von ihnen beanspruchen darf, den Altvater zu vertreten, weil er ein Abkömmling von dessen Erstgeborenem ist. «Atlantis» ist demnach der grossräumige Länderbogen der ihrem Stamm «treuen» Abkömmlinge des Urpaars, Poseidon und Kleito, dessen Abkömmlinge sichtbarlich vom Licht und damit von der Sonne allen Konkurrenten vorweg ausgezeichnet worden war.

Sehen wir es so, erscheinen die viel späteren Kelten, die noch späteren Germanen, Normannen und Wikinger als Nachfahren jener «Atlantiden», deren Tradition um 1200 v. Chr. jäh gebrochen worden ist, die danach in Göttergeschichten und in verworrenen Heldenepen zur Fortsetzung der «Treue» anleiteten, die beim Kult der «Kraft», der «Wut» und der «Festigkeit» Modell standen, während die eigentliche Ordnung dahinter, die Religion der Steinzeit, verloren und vergessen war. Was danach erst zur Religion aufstieg, waren Märchen und Sagen in Verbindung mit den Mächten der Natur, die weniger an die ursprünglichen Kulte erinnerten, als an einstige Figuren und Helden im Umgang damit.

Atlantis, das wirkliche, war also einerseits geografisch gesehen riesig, andererseits – und reicht eigentlich - aber nur ein kleines Inselchen. Das genealogische System kann, merkwürdig genug, mit jenem der europäischen Monarchien im neunzehnten Jahrhundert verglichen werden, bzw. mit «Europa».

Gebiete, wie etwa das von den Türken befreite Griechenland konnten im Europa des Neunzehnten Jahrhunderts allein schon durch die Einsetzung einer Königsfamilie aus einem europäischen Herrscherhaus als in die Kulturgemeinschaft «Europas» aufgenommen gelten, auch wenn im Alltag der Neugriechen davon noch lange nichts zu spüren war. Der gemeinsame Hintergrund aller war dabei das Christentum. Das verbindende Element jedoch war das «europäische Königshaus».

So muss es auch im Bündnissystem von «Atlantis» genügt haben, dass man einen «atlantischen» König besass, um «dazu» zu gehören. Es handelte sich naturgemäss um ganz unterschiedliche Völker, die alle lokal aus der neolithischen Urzeit herangewachsen waren und miteinander nicht verwandt sein konnten. Auch konnten sie deshalb auch keine gemeinsame Sprache sprechen. Es handelte sich weder damals noch später um keltisierte, oder gar germanisierte Völker. Sie waren voneinander ebenso verschieden, wie es die heutigen Völker Europas noch heute sind. Solange es so blieb und die Klammer der genealogische Kultbund der «Treuen» war, funktionierte «Atlantis», als es sich jedoch zusammenraufte, um einen Kreuzzug in den damaligen Orient zu unternehmen, zerbrach es daran.

Wie ich skizziert habe, wurde das Urheiligtum auf der Anhöhe der Zentralinsel wohl noch nahe dem Ende der Eiszeit begründet. Damals zogen sich nicht nur die letzten Eismassen aus Skandinavien zurück, es entstand auch erst die Nordsee, die sich eine Verbindung zur Ostsee bahnte, die damals wohl noch aus Süsswasser bestand: «Die Entstehung der heutigen Nordsee und damit die jüngsten Sedimente des Nordseebeckens gehen auf die Flandrische Transgression nach endgültigem Abschmelzen der Inlandeismassen auf der Nordhalbkugel vor etwa 10.000

Jahren zurück. In enger Beziehung mit diesen Vorgängen steht die Littorina-Transgression vor etwa 8500 Jahren im Ostseeraum. Ein weiteres Beispiel für eine geologisch sehr junge marine Transgression ist die Flutung des Schwarzmeerbeckens vor etwa 9000 Jahren durch den Zustrom von Salzwasser aus dem Mittelmeer über die Meerenge des Bosporus».[12]

Deutlich geht aus dem platonischen Bericht hervor, dass sich dort, wo die Insel gelegen hatte, die vermutlich das Ergebnis einer nacheiszeitlichen Anhebung des Meeresniveaus war, zum Zeitpunkt des saitischen Erzählers ein Schlammmeer ausdehnte. Die Insel kann also bei und nach ihrem Untergang nicht tief abgesunken sein, sondern bestand in verwüsteter und wohl teilweise abgetragener Form fort, war aber weder weiter bewohnbar, noch war das Gebiet um sie herum per Schiff passierbar.

Der Versuch Spanuths, «Atlantis» in den europäischen Norden zu verlegen, beruht argumentativ im Wesentlichen auf einer Verbindung der sogenannten Säulen des Herakles, dem griechischen Atlasmythos, der Hyperboreersage der Griechen und dem Weltsäulenkult (Weltesche, Irminsul) der späteren Germanen.

Eine solche Verbindung lässt sich aus der Atlantiserzählung Platons aber nicht ableiten. Auch die Verknüpfung des Atlantisberichts Platons mit der Phäakensage aus der Odyssee ist letztlich nicht zu sichern, wenn auch intuitiv wahrscheinlich.

Der Atlantisbericht liefert insbesondere auch keinen Zusammenhang zwischen dem Atlas des Berichts und jenem im griechischen Atlasmythos. Natürlich sind alle diese Verbindungen plausibel und interessant, doch

---

[12] Aus: Wikipedia, Nov. 2018

bleiben sie hier spekulativ. Aus diesem Grund können wir ja auch stipulieren, das platonische Atlantis habe bei Kopenhagen gelegen. Auch alle anderen, ernsthafteren Atlantistheorien bleiben fundamental spekulativ.

Kehren wir zu unserer «Kopenhagener Lösung» zurück. Der Untergang des hier vorliegenden Teilgebiets von «Atlantis» muss sich durch eine der transgressionsbedingten Niveauveränderungen in dieser Region ereignet haben, die sich seit dem Ende der Eiszeit abspielen. Sie muss abrupt gewesen sein und tsunamiähnliche Folgen für die ganze Region gehabt haben. Wo diese Veränderung stattfand, ist nicht mehr zu eruieren. Auch ist nicht sagbar, von welcher Seite her das Teilgebiet zuerst überflutet wurde, ob von Nordosten oder von Südwesten aus. Möglicherweise ergab sich eine wechselseitige Flutungsdynamik, so dass die Wassermassen, einander ablösend, von beiden Seiten hereinströmten, bis die Zerstörungen vollendet waren und sich die Lage beruhigte. Der östliche und südöstliche Teil der Ringanlage wurde vollkommen zerstört. Im Osten befinden sich heute die Hafenöffnung der Stadt auf den Öresund hinaus und die neuen Hafen- und Wohnanlagen, die erst in den letzten Jahrzehnten durch Landgewinnung entstanden sind.

Durch die Überflutungsdynamik werden sich die grössten Teile der ringförmigen Kanalsysteme rasch mit Sand und Schutt gefüllt haben, zumal diese Kanäle, wie wir diskutiert haben, höchstens einige Meter tief sein konnten. Mauern wurde umgerissen, Deiche sind zerflossen, da sie hauptsächlich aus Sand bestanden haben.

Aufgrund ihrer Grösse und ihrer Geometrie muss die Gesamtanlage als solche aber noch lange erkennbar geblieben sein.

Das ganze ehemalige Siedlungs- und Kultgebiet wurde danach sicherlich aus Furcht und aus Ehrfurcht gemieden. Durch seine Vernichtung war es vom selben Gott entrückt worden, auf den es im Bewusstsein der Menschen zurückging. Dadurch war es nun gleichsam tabuisiert und durfte in heidnischer Zeit höchstwahrscheinlich nie wieder besiedelt und schon gar nicht mehr kultisch genutzt werden.

Der Gott hatte gegeben – der Gott hat genommen. Der nordische Kulturkreis verlor dadurch seine zentrale Stätte, die ihn über Jahrhunderte – wenn nicht gar Jahrtausende - bestimmt haben musste.

Es würde mich nicht erstaunen, wenn das Gebiet bis in die Zeit der Christianisierung, bis zu Bischof Absalon, der auf der späteren Schlossinsel eine Siedlung errichtete, tabuisiert, unbenannt und unbewohnt geblieben wäre. Das gesamte ehemals heilige Gebiet war wohl über zwei Jahrtausende eine Stätte der Verfemten, der Todgeweihten, der Verbrecher.

Während dieser langen Zeit verschwanden die Überreste der Ringanlagen mehr und mehr. Sie verwandelten sich in eine Reihe von Seen und Sümpfen, die langsam verlandeten, während das Meer im Osten mehr und mehr vom verheerten Land wegriss. Dadurch erscheinen die Überreste der Anlage heute von Osten her erschlossen, und nicht mehr, wie früher und wahrscheinlicher, von Südwesten durch den Kanal, dessen sehr später Nachfolger – ohne sich als ein solcher zu begreifen – heute wieder existiert.

Auf dem Höhepunkt der Zerstörung reichte das Meer von beiden Seiten bis ins Gebiet des äusseren Rings, wie man es auf alten Stadtplänen Kopenhagens erkennen kann. Der moderne Kanal nach Südwesten hin ist dabei ebenso ein Kunstprodukt wie der ehemalige vor über dreitausend Jahren, nur breiter und tiefer.

Untersuchen wir das Stadtzentrum Kopenhagens, stellen wir fest, dass es einige zumindest im Ansatz konzentrische, neuere Wasserringanlagen aufweist, die alle aus der Zeit der Stadtentwicklung stammen und rund zweieinhalb Jahrtausende, wenn nicht sogar dreitausend Jahre jünger sind als jene, deren letzte Reste sie genutzt haben mögen, die Fantasie ihrer Erbauer inspirierend. Ihr Bau wurde durch die verstreuten Überreste der uralten, praktisch verschwundenen Anlage erleichtert oder gelenkt, so dass nach Vollendung der Verteidigungskanäle Kopenhagens das ursprüngliche Ringmodell – unerkannt - praktisch wiedererstanden war.

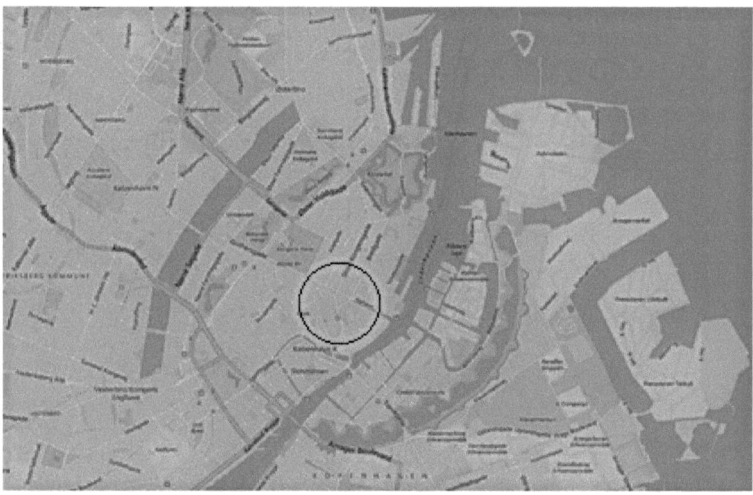

Unsere Kritik trifft zunächst jene Berge, welche die Insel umgeben haben sollen, wie Platon berichtet. Denn hier, im Bereich der Ostsee, kann es sich weder um echte Berge, noch um Dünen gehandelt haben. Vielmehr müssten wir nun, in Abweichung vom Gesagten, die These vertreten, dass mit diesen Bergen jene Norwegens und die Hügelzüge Südschwedens, dass es sich bei ihnen somit nicht um Geländeformationen gehandelt haben kann, welche die Ebene mit der Kreisanlage selbst umgaben, sondern um solche, die das Bündnisgebiet nach Norden hin begrenzten. Das ist natürlich angesichts des platonischen Textes mehr als nur heikel, ist aber auch schon von anderen vermutet worden.

Zu unserer Entschuldigung können wir immerhin auch noch gewisse «Berge» im Norden und Nordwesten Kopenhagens vorweisen, wenn diese auch nur Hügel sind. In Bezug auf die Ebene mit ihrem Ringsystem bilden die Hügelzüge nördlich von Kopenhagen jene vage Begrenzung, die wir bei der Erörterung der Lage des Ringsystems in der Ebene bereits vermutet hatten. Sie begründen eine Asymmetrie der Ebene in Bezug auf ihre Umgrenzung.

Das Ringsystem ist bei Platon nur dort in Kanallänge vom Meer entfernt, wo die Erschliessung ins Meer mündet, ansonsten ist nicht ausgemacht, dass das Meer auch an allen anderen Stellen in Kanallänge vom Kultzentrum entfernt lag.

Das Ringsystem hat im Norden und Nordwesten wohl näher an der natürlichen Begrenzung der Ebene durch Hügel gelegen als an allen anderen Stellen, namentlich als gegen Süden und Osten hin, wo es näher an der See lag, vielleicht sogar näher als der Zufahrtskanal lang war. Solche Verhältnisse decken sich einigermassen mit Platons Angaben.

Hingegen müssen jene grossen Berge, von denen die Rede ist, viel weiter weg gelegen haben.

Wir stossen hier auf ein *generisches* Problem im Umgang mit dem Bild von «Atlantis». Platon beschrieb einerseits erkennbar eine nur recht kleine Insel als jene mit der Ebene, andererseits aber ein riesiges Gebiet, das unmöglich mit jenem kleinen identisch gewesen sein kann. Es ist zumindest denkbar, dass die eindrücklichen Berge, von denen die Atlanter den saitischen Priestern erzählt haben, das genealogisch begründete Bündnisgebiet umgaben, dass die Schreiber der Ägypter diesen Sachverhalt jedoch so darstellten, als wäre das ganze Gebiet eine einzige Insel gewesen.

So verschmolzen im Bericht an mehreren Stellen die Insel des Königs mit dem Gesamtgebiet des Bundes, ohne dass es korrigiert werden konnte, da niemand damals das Original selbst gesehen hatte. *Es musste hier einen Fehler gegeben haben, den Platon nicht auflösen konnte, wollte er sich an die Vorgaben in Solons Bericht halten.*

Eine weitere Kritik betrifft, wie wir gesehen haben, das Masssystem, das Platon verwendet. Wir wollen hier nicht ein weiteres Mal darauf eintreten. Auch sicher falsch sind alle Angaben zur Tiefe der Kanäle. Selbst für modernste Kanalbauer wäre die Aushebung eines über dreissig Meter tiefen Kanalsystems von dieser Grössenordnung (Zufahrtskanal und Ringkanäle) bei einer geologischen Unterlage, wie wir sie hier annehmen müssen, unmöglich. Aushübe würden auch sehr rasch mit Grundwasser volllaufen, so dass man sie nie hätte fertigstellen können. Pumpen gab es damals natürlich noch keine. Das Gebiet muss auch zwangsläufig, sonst hätte es nicht untergehen und sich dabei in Schlamm verwandeln können, topfeben gewesen sein und durfte nur ganz wenige Meter über Meereshöhe gelegen haben. Zudem würde es keinen Sinn machen, angesichts eines relativ seichten Meeresgebiets, derart tiefe Kanäle auszuheben.

Lag die Anlage in einem Gebiet mit namhaftem Tidenhub, wie er in der Nordsee entlang der friesischen Küste vorkommt (bis etwa 5 m), stellen sich noch grössere Probleme. Die Ebene müsste entweder in der Fluthöhe über Meer, bzw. natürlich noch um einige Meter höher als die Flut gelegen haben, um bewohnbar gewesen zu sein. War sie von Dünen umgeben, muss diesen ein relativ flach und weit hinaus abfallender Strand vorgelegen haben, so dass sich bei Ebbe das Bild eines Wattengebiets zeigte, wie wir es heute aus dieser Region kennen. Unter solchen Verhältnissen einen Kanal zu bauen, wäre die ultimative Herausforderung gewesen. Sie wäre nur zu bewältigen gewesen, wenn die Anforderung nicht bestanden hätte, ihn für Niedrigwasser auszuheben. Man hätte einen solchen Kanal allenfalls bauen können unter der Auflage, dass er bei Ebbe trocken liegt, kaum aber, wenn er bei Ebbe bis ins Zentrum der Anlage hinein schiffbar sein musste. Doch ein bei Ebbe trockenliegendes Ringsystem lag nicht «im Interesse des Kultes», was mit der Stiftung Poseidons unvereinbar. Platon hätte auch sicherlich erwähnt, dass die Kanäle bei Ebbe trocken lagen.

Diese Insel kann also nicht dort gelegen haben, wo es einen relevanten Tidenhub gibt. Es ist zwar möglich, dass Helgoland oder eine der sogenannten Gläsarien an der nordfriesischen Küste ein wichtiger Vorposten des Bundesgebiets waren, wo man Handelswaren umschlug, die per Boot auf der Eider herangebracht, oder die über die Eider nach Osten weiter verschifft wurden. Der Felsen von Helgoland kann dabei eine Signalfunktion gehabt haben, die dem Seefahrer bedeutete, dass er korrekten Kurs hielt. Das Kultzentrum, das als die Insel des Atlas beschrieben wird, kann jedoch selbst nicht dort gelegen haben. Es lag fern und verborgen im Osten und genoss mythischen Ruf.

Niemand gelangte einfach so dorthin. Dort jedoch lag das eigentliche Handelszentrum für den baltischen Bernstein und der Ausgangspunkt für die grosse Fahrt nach Osten hin und womöglich über die Memel nach Süden, wo man am Ende ins Schwarze Meer gelangte und von dort nach Ilion, so, wie zwei Jahrtausende später die Wikinger nach Konstantinopel. Ihre uralten Sagen, die heute verloren sind, mochten sie dabei angeleitet und befeuert haben, es den Altvorderen gleichzutun.

Die Überflutung der Kultanlage kann, wie wir gesehen haben, sowohl von Nordosten, als auch von Südwesten her erfolgt sein. Möglicherweise geschah es nacheinander von beiden Seiten, sofern die erste Überflutung von Südwesten her geschah, weil sich die bewegten Wassermassen im damals noch engen Öresund hin und zurück bewegten. Die im Bild enthaltenen Keile geben einen Eindruck von der Strömungsrichtung aus Nordosten.

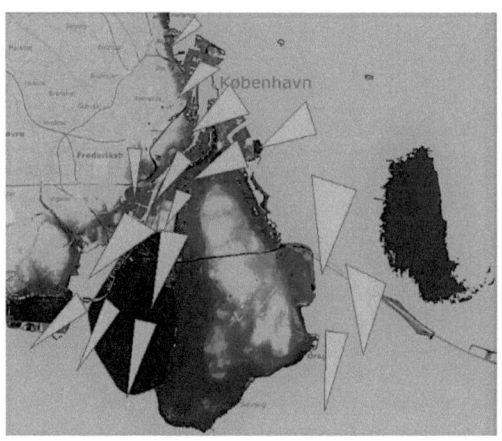

Wir wissen nicht, wie massiv die Kanal- und Mauerverbauungen der Atlanter im Bereich der Ringe gewesen sind, falls es sie denn gegeben hat, denn Platon schweigt sich darüber aus. Vielleicht handelte es sich bei den Verbauungen um Holzkästen, die mit Steinen angefüllt waren und bei den Mauern um Palisaden, hinterlegt mit einer Sandschüttung und gesichert mit Steinen. Solche Bauten wären heute wegerodiert, selbst wenn keine Flut sie zerstört hätte.

Der definitive Landverlust im Bereich der östlichen Ebene ist auf der folgenden Karte grobschematisch nachgezeichnet. Im Südwesten des heutigen Kopenhagens, im Bereich des Kalvebodens, wurde ebenfalls

Land verloren, und genauso ging die westliche Hälfte des heutigen Amager unter, doch sind diese beiden Gebiete inzwischen wieder verlandet, bzw. wurden trockengelegt.

Das Areal der Ringanlage durfte wohl sehr lange Zeit von ehrbaren Menschen nicht mehr betreten werden. Es lag grösstenteils unter Wasser und existierte nur noch in Gestalt eines Gewirrs von Inselchen, Seen, Morasten und Tümpeln. Man wird gesagt haben, es handle sich um verfluchtes Land, wo einst hochfahrende, prassende, genusssüchtige, unermesslich reiche Leute gelebt hätten, die Odin – so wurde er später genannt - mithilfe eines Wassersturms vernichtet habe.

Dieses ganze Gebiet war ein Grab und überdies verflucht. So kam wohl auch das spätere Amager zu seiner Bestimmung als Ort von Hinrichtungen, als Totenort, als die Menschen wieder damit begannen, einzelne der wiederverlandeten Gebiete zu besiedeln, als Fischer, Seefahrer und dann als jene Händler, die der von Absalon errichteten Stadt den Namen geben sollten.

Erneut erwies sich die Lage des Ortes als geografisch vorteilhaft, und ebenso rasch wie in der frühen Bronzezeit entstand hier eine mächtige Siedlung, die schon bald zum dänischen Königssitz wurde. Der Ort lag in der geografischen Mitte des damaligen Dänenlandes, das Südschweden mitumfasste.

Damit wird verständlich, wieso die ganze Gegend vor der Zeit Absalons, im Vergleich mit anderen Gegenden in Dänemark, relativ geschichtslos geblieben war.

Die Region von Jütland bis Schonen muss in der frühen Bronzezeit volkreich gewesen sein, so dass die Idee aufkommen konnte, man könne jenen Feldzug wagen, von dem uns Platon berichtet. Man hatte durch Handelskontakte jenen fernen Länderbogen am östlichen Mittelmeer inzwischen kennengelernt, und es gab wohl manchen, der schon dort gewesen war. Sicher waren auch schon einige von ihnen an den Hof des Pharaos, nach Hattusa und Babylon gelangt.

Das allgemeine, lebenstechnische und das seefahrerische Niveau in der damaligen, klimatisch begünstigten Epoche war jenem in vielen Punkten fast schon vergleichbar, das die Wikinger zweitausend Jahre später erreichten. Dass es dazwischen eine lange Periode des Rückgangs der Kultur im Norden gab, war nicht zuletzt die Folge jener von Platon skizzierten Ereignisse. Das Grossexperiment des Atlanterzugs und der damit verbundene Kollaps des Bündnisses, nachdem nicht nur die Kriegsziele nicht erreicht wurden, sondern auch noch das gemeinsame Kultzentrum unterging, beendeten die aufstrebende Kultur im Norden.

Auch der massive Verlust an Menschen durch diese Ereignisse wird mitgeholfen haben, den Elan jener Kulturentwicklung zu brechen. Der endgültige Zusammenbruch des Bernsteinhandels zur Zeit des Peloponnesischen Krieges im fünften vorchristlichen Jahrhundert bedeutete rund siebenhundert Jahre nach dem Untergang des atlantischen Bundes das

Aus für eine eigenständige Kulturentwicklung in der Region Skandinaviens. Eine solche sollte sich erst wieder entzünden unter dem Eindruck der herangerückten, römischen Zivilisation in augusteischer Zeit und durch die Erfahrungen aus den ununterbrochenen Germanenkriegen in Mittel- und Norddeutschland, die Rom gegen das (Wieder-)Erstarken der nördlichen Volkschaften führen musste.

Interessant ist, dass tausend Jahre nach dem von Platon beschriebenen Kriegszug der Atlanter die Kimbern und Teutonen aufbrachen, um «Gleiches» zu versuchen. Dieser Zug, den auf Seiten Roms nur Marius zu beenden vermochte, ist, meine ich behaupten zu dürfen, ausgelöst worden durch eine Kombination aus Überbevölkerung, Missernten und uralten, von Sängern vorgetragenen Berichten darüber, was die glorreichen Vorfahren vor langer Zeit unternommen hatten. Ich bin davon überzeugt, dass diese Berichte dazu beitrugen, es jenen Altvorderen gleichzutun, deren Ruhm - und den eigenen - mehrend.

In der Bronzezeit war das Klima favorabel, die Fruchtbarkeit der Völker war gross, die Volksgesundheit vergleichsweise gut, so dass man nach Auswegen suchen musste, um der für damalige Verhältnisse drohenden Überbevölkerung entgegen zu wirken. Man hatte wohl Hunderttausende von jungen Leuten zwischen Mittelschweden und Friesland, deren eigene Vermehrung bald einmal katastrophale Folgen in Bezug auf die Bevölkerungsdichte und die Versorgung zeitigen würde, so dass man auch aus diesem Grund den kommenden Problemen rasch und zugleich nachhaltig Abhilfe schaffen musste.

Es wird auch Händler und Abenteurer aus fernen Ländern am Ort gegeben haben, die hofften, mit Hilfe einer derart überwältigenden Streitmacht zu Hause an die Macht zu gelangen, die davon profitieren wollten, und die darum die diversen Pläne überbetont uneigennützig unterstützten und sachkompetent berieten. Was dann geschah, wurde tausend Jahre danach zur Blaupause für den Zug der Kimbern und Teutonen und weitere fünfhundert Jahre später zur Vorlage der germanischen Völkerwanderung.

Es müssen mächtige Überlieferungen solche Vorhaben erleichtert, ja schon im Voraus verklärt, vielleicht gar gefordert haben, von denen wir nichts mehr wissen. Denn aufgeschrieben wurde davon nichts. Es war Material in der Tradition der Barden, doch diese ging zu Ende, als das Christentum um sich griff, auch und gerade unter den Wandernden.

Man schrieb als Barbare nicht. Allenfalls ritzte man numinose Botschaften in Hölzer oder in Steine, aber so etwas wie eine Chronik entstand dabei nie. Allein Barden müssen in jenen Zeiten an den Höfen der Sippenältesten von uralten Taten berichtet haben, die Ansporn wurden zur Wiederholung.

Doch war der fatale Ausgang jenes längst vergangenen Kriegszuges (der Atlanter) wohl allgemein bekannt, ein Zug, von dem niemand mehr zurückgekehrt war, ausser ein paar Unglücksboten. Die meisten bis heute überlieferten Bardenepen sind Untergangsepen, die davon erzählen, wie in grauenvollen Endkämpfen irgendwo jenseits aller bekannten Welt die edelsten Helden ihr Leben liessen. Dieser tragische Ausgang war für die Volkszüge später insofern wichtig, als von den Altvorderen bereits durchlitten worden war, was einem erst noch zustossen würde. Das erleichterte das Vollbringen eigener Heldentaten. Man kämpfte dabei besinnungslos, um das Schicksal herauszufordern. Gewann man, so übertraf man die Alten, unterlag man jedoch, teilte man ihr Heldenschicksal. Beides war grossartig. Man nahm entweder Rache, oder man stieg zu den Altvorderen auf, nahm Platz an ihrer ewigen Tafel.

Wer auf einem solchen Zug unterging, der hatte nicht etwa versagt, er hatte versucht und erlitten, wovon man ihm von den Alten erzählte, er war den Weg jener Helden der Vorzeit gegangen, die unsterblichen Ruhm auf sich vereinigten. Man musste zwar durchaus siegen *wollen*, doch im

Kampf unterzugehen gegen die (vermeintlichen) Abkömmlinge der Gegner von einst, erschien *noch ehrenvoller*, kam man doch so an die gedeckten Tische jener Götter, zu denen die Helden der Vorzeit inzwischen mutiert waren, die Heroen jener längst entschwundenen Hochkultur der Bronzezeit, wo Milch und Honig floss, das Klima günstig war, und wo die Truhen von Gold, Kupfer, Zinn und Bernstein überquollen. Dorthin wollte man gelangen, buchstäblich um jeden Preis, auf die entrückte Insel, in die entrückte Halle, die sich nun im Irgendwo befanden, nur über den Regenbogen mit dieser Welt noch verbunden, wenn einer denn Glück hatte. Der Weg dorthin führte die noch Lebenden in den Süden, wohin einst jene Alten gezogen waren, hinunter ans Ende der bewohnten Welt. Er führte in die Schlacht, und von dort erst in die «Heimat», die nur zu oft im Jenseits lag.

Uns jedoch quält die ganz andere Frage, wieso aus einem so weit entfernten Bündnisgebiet plötzlich solche Heerscharen aufbrechen und versuchen, sowohl im ägäischen Raum, als auch im Nildelta Fuss zu fassen? Haben diese Scharen damit nicht ihre besten Handelspartner, ihre Endkunden überfallen? Nun, diese Partner waren auch ihre Lieferanten, und sie waren reich und überaus kunstfertig.

Anscheinend wollten die «Atlanter» dort im Südosten Siedlungsräume anlegen, vielleicht nur in der Form, wie sie es bereits in Cádiz getan hatten, auf Inseln oder in Form einzelner Küstensiedlungen mit geschützten Hafenanlagen. Dass sie ein derart riesiges Gebiet zusammenhängend besetzen oder besiedeln wollten und konnten, ist jedoch auszuschliessen.

Sinn

Als Atlas wird in Platons Erzählung ein Halbgott genannt, der als erster König über die Insel der Kleito regierte und zum Stammvater eines Königsgeschlechts wurde. Er wird *nicht* mit dem Atlas des Mythos, mit dem Himmelsträger, in Verbindung gebracht. Das ist auffällig für Griechen wie Solon und Platon.

Im Begriff des «Stammhalters» lebt meines Erachtens die ursprüngliche Semantik von «Atlas» bis heute fort. Atlas ist der «Stamm» seiner Sippe, und als solcher erhält er die Sippe mit und durch sich selbst als ein Stamm. Sein Job ist die Erhaltung des Sippenstamms, der zugleich bildhaft der Stamm eines Baumes ist.

Ich glaube, dass diese Vorstellung die Bedingung dafür war, um ihn – als er in den Bereich des Transzendenten entrückt worden war - später zum Weltenträger zu erheben, zur Weltsäule (Welt-Seele), als die er wiederaufersteht. Jener grosse Stein, der in Atlantis stand, und der vom Abkömmling des Atlas betreut wurde, wie Platon es beschrieb, ist nicht bereits jener spätere Weltbaum, sondern erst einmal das Zeichen des Urhügels, auf dem er als ein Stein stand – sozusagen der nordische *Benben* –, die *Potenz*, alles zu verkörpern, damit immer auch alles zu erhalten, was sich im Licht zeigt. Atlas bediente erst diesen Stein, später war er ihn dann selbst, als Weltsäule (Welt-Seele). Doch auch so blieb die Botschaft des Steins unverändert. Sie kündet davon, was sie vertritt, was durch sie erst wird, und was es uns zu sein scheint.

So wären die Atlantiden oder Atlanter der Volksstamm derer, die jenes Gebiet als die Abkömmlinge des Urvaters besiedelten, der zugleich dieser nordische Benben, der Ur-Menhir, selbst ist.

Erwähnenswert ist, dass die Germanen der Völkerwanderung den Hunnenkönig, der sicherlich ganz anders geheissen hat, *Attila*, Väterchen riefen. Vermutlich erschien *er* ihnen – und nicht der römische Kaiser oder einer der ihren - als die zeitaktuelle Verkörperung jenes alten Prinzips der Erhaltung dessen, was ist.

Angesichts solcher Zusammenhänge ermisst man, was alles nicht aufgeschrieben worden ist, bzw. wieviel von dem, was einst gewusst wurde, inzwischen verloren ging, nicht zuletzt, weil es den Christen nicht ins Konzept passte oder für sie heilsgeschichtlich bedeutungslos war. Es ist keineswegs so, dass das Christentum das Altertum «gerettet» hat aus der Umklammerung der Dekadenz. Das Christentum hat das Altertum zerstört und ausradiert. Fast alles, was wir heute wissen, ist wiederaufgetaucht oder wurde neu entdeckt, nachdem es bereits einmal existiert hatte. Doch das Schicksal ist listenreich, dem Christentum erwächst heute sein massgeschneiderter, ebenbürtiger Gegner, der Islam, der nichts von ihm (und von uns) übriglassen wird, falls sich die Geschichte wiederholt.

Noch heute gibt es im Verbreitungsgebiet ehemaliger germanischer Stämme den Namen Atle (Skandinavien), Adle (Schweiz), Atlee (England), der auch in Ortsnamen aufscheint wie Adlikon, Adliswil, Adlemsried (alle Schweiz). In süddeutschen und schweizerischen Dialekten ist heute noch vom Atti oder Ätti die Rede, wenn man vom Grossvater spricht. Das Ätt war so etwas wie die Sippe, was auf die Wurzel At zurückgeht. Es gibt in der Schweiz zahlreiche Siedlungsnamen wie Attinghausen, Ätikofen, Ätingen, Attisholz, Attikon, etc., die auf die Ursilbe At verweisen. Und nicht zuletzt erscheint At auch im heute vielgeschmähten Begriff Heimat, wo er das zuerst erwähnte «Heim», worin ich «zuhause» bin, dem At oder dem Att zuweist. Heimat wäre jenes «Att», worin ich zuhause bin, das heisst, jenes Att, woher ich «stamme». In anderen Ländern des von ehemaligen Germanen besiedelten Raums wird es ähnlich (gewesen) sein. *Selbst der griechische Landschaftname Attiké (Attika) könnte auf ein solches At zurückgehen.* Und man sollte bereit sein, auch den Stammvater der mykenischen Atriden, *Atreus*, auf die Ursilbe At zurückzuführen.

Atlas war nicht nur ein Eigenname, sondern mehr noch ein Titel. Er bedeutet Stammvater, Stammhalter. Die Verbreitung des Namens und Titels Atlas und seiner Variationen ist die Konsequenz der Ausbreitung der indoeuropäischen Bevölkerungsgruppe.

Solange der Ur-Megalith, der Ur-Menhir, der nordische Benben an seiner Wurzelstelle aufrecht stand, war auch der Stammvater in seiner Hauptfunktion dort gegenwärtig. Der Stein benötigte viel Kraft, um sich gegen das Vergehen zu wehren, darum verlangte er regelmässig vom Blut des stärksten Tieres, des Ochsen zu trinken, der wie er selbst ein Joch trägt und es niemals ablegt. Noch die viel spätere Irminsul – soweit wir sie kennen - hatte die Form eines Jochs, die auf der Spitze einer aufgerichteten Deichsel liegt, und diese zeigte Elemente eines kräftigen, männlichen Körpers.

Auf jener Insel, die Platon beschreibt, muss es einen weitherum berühmten, steinzeitlichen Kult gegeben haben, der die Erhaltung der ursprünglichen, exklusiven Sippenordnung zum Thema hatte, ein Kult, der in der Bronzezeit – aufgrund der Waffenentwicklung und damit der Zunahme kriegerischer Auseinandersetzung - zum Kern eines Schutz- und Trutzbundes wurde.

An dieser Stelle sollten wir uns nun doch einen kleinen Exkurs in die steinzeitliche Landschaftsmythologie gönnen. Meines Erachtens ist Dames immer noch deren herausragender Geist.[13] Derungs[14], Dames folgend, schreibt über Silbury Hill in Südwestengland, den Hügel der Sil, Sul oder Sheila: «Gemäss unserem Prinzip der Multifunktionalität ist denn auch der Hügel sowohl Nabel der Göttin, Mittelpunkt und Weltachse, bzw. Weltenberg zugleich». Sowie: «Eine weitere Funktion von Silbury Hill war diejenige des Thrones. Der urtümlichste und einfachste Thron bei vielen Völkern war ein Stein, der die Göttin des Landes repräsentierte. (...) Oftmals jedoch vertraten Heros-Könige die Königinmutter gegen aussen und sprachen in Vertretung in ihrem Namen Recht. Die Könige

---

[13] Dames, M., The Avebury Cycle, Thames on Hudson, 1996

[14] Derungs, K., Landschaften der Göttin, Edition Amalia, 2000

sassen auf ihrem Thron, d.h. sie waren durch die Göttin-Priesterin legitimiert, solange sie im Sinn der Königin gerecht handelten. War ein König jedoch unfähig oder gesetzeswidrig, konnte die Königinmutter im Namen ihres Volkes den König absetzen (...).»

Falls es auf der Insel des Atlas ein neolithisches Heiligtum gab, woran angesichts der Epoche und des in Frage kommenden, geografischen Raums nicht zu zweifeln ist, muss es, zumindest ursprünglich, ein solches der *Grossen Göttin* – *einer Frau* - gewesen sein, deren numinose Namen (zumindest in Britannien) Dana, Ana, Tana, aber auch Sil, Sul und Sheila waren. Diese Namen werden aber so alt gewesen sein, dass sie auch Urbestandteile der späteren germanischen Sprachen waren.

Es wird – wie wir wiederholen - auf der zentralen Insel einen Hügel und einen grossen Stein gegeben haben. Letzterer konnte auch als Thron Verwendung finden. Dieser Stein war gleichzeitig die Göttin der Erde. Hierin scheint sich diese Lesart von der eben von mir gegebenen zu widersprechen, die im Stein den Vater sieht. Doch ist das modern gedacht. Die korrekte Lesart müssen wir uns so vorstellen, dass der Stein die Erde, die Mutter, die Göttin repräsentierte, doch in diesem Stein steckte zugleich der Himmel (der Wind, der Sturm), der Vater, der Gott, so wie der Phallus in der Frau steckt. Auch im ägyptischen Mythos steckte Aten im Benben, doch Benben war nicht Aten, sondern die Erde. Durch diese Verbindung begründete man die Fruchtbarkeit der Erde. Erst die Transformation, die wir oben hergeleitet hatten, machte aus dem Stein schliesslich einen Mann, den Weltenträger, zur Trennung von Himmel und Erde.

Doch dazu war der Untergang jenes uralten Kultes die *conditio sine qua non*. Atlantis musste erst untergehen, damit Atlas als Himmelträger wiederaufstehen konnte. Bis zum Untergang des Heiligtums war dieses fundamental ein Heiligtum der Frau, verkörpert im grossen Stein und verkörpert in Kleito. Letztere lebte später in Gestalt der Göttin Freya fort, deren Ehemann (Odin) zumeist abwesend ist, seiner Bedeutung zufolge.

Da dieser urtümlichen Frauengottheit Ochsen heilig waren, wie überall in der Steinzeit, musste auf ihrem Stein das Blut eines Ochsen vergossen werden, bevor der König bei oder auf ihm Recht sprechen konnte. Durch dieses Blut zeigte der König, dass er eingedenk der Macht im Kosmos handelte - und nicht etwa eigenmächtig. Die von Platon geschilderte Zeremonie der Rechtsprechung an einem solchen Stein zeigt eine derartige Szene, wo der König im Namen der Erde (der Frau, der Gebärerin) Recht spricht.

Die Benetzung der Säule mit dem Blut des stärksten aller heiligen Tiere diente der Erhaltung der Erkenntnis der «Erhaltung durch Fortpflanzung», durch rituelle Befruchtung. Viel später erst konnte man eine solche Szene dahingehend deuten, dass die Säule den Himmel trug, dass sie eine Himmelssäule war, die Erde und den Himmel auseinanderhaltend, damit dazwischen das Leben gedeihen konnte. Gemeint war damit aber ursprünglich die Erhaltung der Welt als eine fruchtbare und fruchtbringende, nicht als ein vom physischen Einsturz bedrohter Himmelsraum. In jener Urzeit ging es nicht darum, den Himmel von der Erde zu trennen, sondern ihn in der Erde fruchtbar aufgehen zu lassen.

Im späteren, griechischen Mythos heisst es dann, dass es Gaia leid gewesen sei, von Uranos andauernd bestiegen und begattet zu werden. *Damit der Himmel und die Erde künftig Abstand hielten, wurde das Amt des Atlas geschaffen.* Das deutet ganz offensichtlich auf einen Fruchtbarkeitskult hin, der neu geregelt wird. *Atlas Telamon*, der verankerte Atlas, wurde zum Garanten dafür, dass die Erde ihr neu geordnetes Recht erhielt. Doch muss es in Wahrheit umgekehrt gewesen sein. Die Herrschaft der *Erde* war «schrecklich», sie war das Terrorregime des Fruchtbarkeitskults. Erst die Verankerung des «Atlas» brachte Erleichterung, das heisst, eine *Stellvertreterlösung*. Man verband diesen Atlas auch mit der Vorstellung der Weltachse (Koios), «um die sich alles dreht».

Das Erdheiligtum auf der Insel des Atlas wurde wohl seiner Funktion als ritueller Begattungsplatz ganzer Volkschaften am Übergang zur Bronzezeit enthoben, indem diese Funktion *proximiert* wurde und fortan nur noch in den Geschlechtern und in den Handlungen der zehn Könige weiterlebte.

Die berühmte Irminsul («feste Säule», «Säule der Festigkeit», allgemeiner: «Feststellung») der Sachsen, die Karl der Grosse zerstören liess, war nichts anderes, als der sehr späte Urururenkel jenes gemeinneolithischen Ursteins, der die Göttin war (Sul, Säule), und dem der Atlas, der Vater, rituell beiwohnte, indem er den Kult der Erde an und in ihm vollzog.

Derungs schreibt: «Denkbar ist zudem ein Initiations- und Labyrinthspiel, wie es besonders in Nordeuropa im Frühjahr gefeiert wurde. (Kraft 1977). Dabei steht eine Frau/Göttin im Zentrum des Labyrinths/Steinkreises, zu der (...) zwei Männer durch die Alleen und Windungen hindurch rennen müssen, einer von Osten und einer von Westen. Derjenige, der zuerst im Zentrum bei der Frau ankommt, ‚heiratet' die sakrale Frau, d.h. er wird durch ein erfolgreiches Initiations-Wettspiel ihr männlicher Partner für den Verlauf des mythischen Jahres.»[15]

Diese Bemerkung vermag eine Erklärung für die Zwillingsmystik in der platonischen Erzählung zu liefern. Ich vermute, dass der von Derungs geschilderte Brauch auch auf der Königsinsel praktiziert wurde, da er der gemeinneolithischen Religion entsprach. Vermutlich gebar hier keine Frau – die man nach Platon Kleito nannte – Zwillingssöhne, sondern umgekehrt fasste man die beiden ebenbürtigen Läufer als Zwillinge auf, welche von der Erde bereits (in ihrer Vergangenheit) «geboren» worden sind, die sich nun im Wettkampf gegeneinander um die Ehre stritten, eine Jungfrau – wiederum dieselbe Erde, nun aber jene des Jahresfrühlings, die

[15] Derungs, K., Landschaften der Göttin, Edition Amalia, 2000

Erde der Zukunft – zu befruchten, die ihrerseits wiederum jener Stein war, in den einzugehen die Aufgabe dieser Männer war. Es mag so gewesen sein, dass jene fünf Urzwillingspaare, von denen uns Platon berichtet, die Urväter von zehn Stämmen waren, aus denen jedes Jahr je ein Vertreter um die Ehre kämpfen durfte, die das kommende Jahr verkörpernde Jungfrau zu heiraten und ihr «das Kind» zu machen. War es männlich, war es automatisch der nächste Vertreter seines Stammes, war es hingegen weiblich, war es Kandidatin für die spätere Verheiratung im Rahmen desselben Kults. Die sagenhafte Geburt der fünf Zwillingspaare durch Kleito hatte damit also *immer schon* stattgefunden, war *immer schon* «gezeigt», war *immer schon* «im Licht erschienen». Das bedeutete nichts anderes, als dass der der Kult ewig bestand. Er war im Bewusstsein der damaligen Menschen unendlich alt, er stammte aus dem Anfang der Zeit, oder wie die Aborigines in ihrer Kultur dazu sagen würden, er stammte aus der *Traumzeit*.

Das Heidentum Alteuropas geht auf die Kalenderreligion der Stein- und der frühen Bronzezeit im (peri)maritimen, südwestlichen, nordwestlichen und nördlichen Europa zurück, die im Allerhaltungskult – bzw. im Kult der Erhaltung alles Festgefügten (Erde, Land, Insel, Bündnis) und damit im Konzept der Treue - gipfelte, der in der Schlussphase zentral verortet war und dort vermutlich einige hundert Jahre lang praktiziert worden ist, viele der Völker der alten Megalithkultur durch neu geschlossene, genealogische Bündnisse einbeziehend.

Diese Religion war (und ist es in transformierter Gestalt als Kern des Philosophischen bis heute) die wahre Religion der Bevölkerung Europas (der später «weiss» genannten Bevölkerung), errichtet auf früheren Religionen Eurasiens, die der Fruchtbarkeit und dem Jagderfolg der Sippe gedient haben.

Es gab in diesem Heidentum einen Moment der Katastrophe, welche die Zeit der nativen und naiven Treue- und Festigkeitskulte abrupt beendete. Es muss sich dabei um ein komplexes Ereignis gehandelt haben, das mit dem Zentrum des Festigkeits- und Treuekults zu tun hatte, von dem uns Platon «Atlantis» überliefert hat, und das mit dessen Untergang endete.

Die Katastrophe muss mit einer kriegerischen Wanderung verbunden gewesen sein, von der «niemand» zurückkehrte, und worüber es zahllose, überaus fantastische Berichte gab, aus deren Plethora und Chaos schliesslich die keltische *und* die germanische Religion hervorgegangen sind.

Fortan formten Barden – und nicht mehr Zeremonialpriester und -priesterinnen - die Konturen einer ganz neuen Religion, die sich aus den Trümmern jener alten erhob. Sie staffierten die Welt aus mit allen möglichen Narrativen, die sich mithilfe jener «Sagenhaften» bilden liessen und produzierten damit neue Götterschicksale, die es vorher nicht gegeben hatte. Sie lehnten sich an das an, was man von den Helden der alten Zeit noch wusste oder vermutete, und waren doch nur das Produkt der entfesselten, mythisch: der stürmischen, odinschen, wotanschen Fantasie.

Jene kriegerischen Ereignisse wurden zugleich zur ewigen Vergangenheit und zur ewig uns bestimmten Zukunft, die damit narrativ verknüpfbaren Schicksale wurden zu Theologika. Das verlorene Zentrum selbst war und blieb entrückt. Fortan spielte sich alles in «Sphären» ab, zeitlich, örtlich und dimensional. Dass es dabei immer noch mit Einschränkung um Erhalt und Fruchtbarkeit ging, zeigten nicht nur die Stellung der Götter Freyr und Freya, sondern zahlreiche andere, inzwischen entrückte, ehemalige Ritualmasken, wie die spätere Osterfrau mit dem Ei und dem Hasen. Dass es auch immer noch irgendwo um den Sonnenkalender ging, verkünden stumm bis heute der Weihnachtsbaum mit den Früchten (Äpfel) und an gewissen Orten der Maibaum, um den die Menschengemeinde tanzt. So existieren noch vielerorts uralte Bräuche aus der Steinzeit, Bräuche, die über dreitausend Jahre alt sein müssen, mancherorts sogar viertausend, Narrative, die weder in die keltische, noch in die germanische Religion wirklich hineinpassen und doch Teile davon sind, Bräuche, die niemand mehr versteht, weil sie nicht nur unchristlich sind, sondern auch älter als der keltogermanische Götterkosmos selbst. Sie stammen noch aus der Zeit der Kalenderreligion und der Erhaltung der Welt durch «Treue».

Die vielzitierte Götterdämmerung - das «Ragnarök» («Feuer und Rauch») des Barden Sturluson - reflektiert jenen entscheidenden, frevlerischen Grosskrieg vor über dreitausend Jahren, der in zahlreichen lokalen Sagen in unterschiedlicher Form über die Jahrtausende fortlebte.

Der mit diesem Grosskrieg verknüpfte Heereszug erscheint heute noch in der erratischen Sage vom «Wilden Heer» oder vom «Friesenzug», die es in Deutschland und in der Schweiz bis heute an vielen Orten noch immer gibt. Es handelt sich dabei um eine Schreckensvorstellung. Ein ganzes Heer, ergänzt durch Sack und Pack, durch mitlaufende Hunde, beladene Wagen, Pferde und Vieh durcheilt in bestimmten stürmischen, wütenden (wotanisch/odinischen, mythologisch damit immer auch poseidonischen) Nächten des Jahres bestimmte, immergleiche Pfade und bringt Unglück über die, die ihm im Weg stehen oder es wagen, ihm gar zuzuschauen. Häuser, die auf diesem Weg errichtet worden sind, müssen dann alle Türen öffnen, damit das Heer hindurchziehen kann. Es sei – und das ist seltsam stimmig - das *«Heer der zu früh Getöteten»*, die jedes Jahr zurückstreben in ihre alte Heimat im hohen Norden, jedoch immer nur für einen Augenblick, um danach wieder, ihrem ehernen Schicksal folgend, das Jahr hindurch irgendwo im Süden zu verweilen – bis zum nächsten solchen Zug im Folgejahr.

Alles ist und bleibt seit jenem Grossereignis in der Religion des Heidentums gegenwärtig, ist aber zugleich uralt und erst zukünftig, darin folgt es der steinzeitlichen Logik der Kulte noch heute. Sein Sinn erschliesst sich vordergründig im Märchenhaften und Belehrenden, hintergründig jedoch kündet es von einem vergessenen Ereignis, das die damalige Welt tief erschüttert haben muss, jedoch nie schriftlich aufgezeichnet worden ist.

Gäbe es davon schriftliche Kunde in Europa, wären die germanische und die keltische Glaubenslehre andere geworden, als sie es waren.

Das oben erwähnte Laufen durch Stein-Alleen und durch Windungen war übrigens auch das Kennzeichen des *lusus troiae* der Römer, eines kultischen Reiterspiels, das alljährlich von Knaben aufgeführt wurde. Beim *lusus troiae* ging es darum, dass zwei Gruppen von Knabenreitern kunstvoll umeinander geschlungene Wendungen ausführten, die dem Labyrinthmuster folgten, wie man es von Steinzeichnungen in Skandinavien und einer Zeichnung aus Etrurien kennt.[16] Derselbe Tanz hiess im alten England *Troy* oder *Turning*, und er geht nicht - wie auch nicht jener der Römer – auf das Troja Homers zurück, sondern auf einen uralten, an vielen Orten autochthonen, rituellen Lauf der beiden Männer auf die Jungfrau zu, die im Zentrum darauf wartete, «getraut» und damit «tragend» gemacht zu werden.

Das von Platon skizzierte Herrschafts- und Rechtssystem, das zwischen den zehn Königen bestand, beschreibt aber auch eine frühe Form von konsensueller Macht, von Governance. Er schreibt im Kritias:

«Für die Ausübung der Macht und für das Strafwesen aber galten von Anfang an folgende Regelungen. Von den zehn Königen übte ein jeder in dem ihm bestimmten Gebiet die Macht aus: er regierte über die Männer in seiner Stadt und befand über die meisten Gesetze, wobei er bestrafen und hinrichten liess, wen immer er wollte. Ihre gegenseitigen Machtverhältnisse aber und ihre gemeinsamen Beziehungen beruhten auf Anordnungen des Poseidon, wie es ihnen der herkömmliche Brauch überliefert hatte und eine Inschrift, die von den ersten Königen auf einer Säule aus Oreichalkos aufgezeichnet war. Diese stand in der Mitte der Insel im Heiligtum des Poseidon, dort kamen sie abwechselnd jeweils im fünften oder im sechsten Jahr zusammen, womit sie die geraden und die ungeraden Zahlen zum gleichen Recht kommen liessen. An diesen

---

[16] Junkelmann, M., Die Reiter Roms, Zabern, 2008

Zusammenkünften berieten sie über ihre gemeinsamen Angelegenheiten, sie prüften, ob sich einer von ihnen eines Übergriffs schuldig machte, und hielten darüber Gericht. Und wenn sie sich zu diesem Gericht anschickten, gingen sie zuerst gegenseitig eine Treueverpflichtung ein, und zwar in folgender Form. Im heiligen Bezirk des Poseidon wurden einige Stiere freigelassen, die zehn Könige blieben für sich allein, und nachdem sie zum Gott gebetet hatten, er solle sie das ihm wohlgefällige Opfer fangen lassen, machten sie auf die Tiere Jagd, und zwar ohne eiserne Waffen, nur mit Knüppeln und Schlingen, den Stier, den sie fingen, führten sie zur Säule und schlachteten ihn an ihrer Spitze, gerade über jener Inschrift. Auf der Säule aber war ausser den Gesetzen auch eine Schwurformel angebracht, mit schweren Verwünschungen gegen die, welche ihnen nicht gehorchten. Wenn sie nun gemäss ihren Bräuchen den Stier geopfert und alle seine Glieder geweiht hatten, füllten sie einen Mischkrug und warfen für jeden ein Klümpchen geronnenes Blut hinein. Alles Übrige brachten sie ins Feuer, nachdem sie zuerst ringsum die Säule gereinigt hatten. Dann schöpften sie mit goldenen Schalen aus dem Mischkrug, gossen eine Spende ins Feuer und legten dann einen Eid ab, dass sie gemäss den an der Säule aufgezeichneten Gesetzen Gericht halten und dass sie es bestrafen wollten, wenn sich einer zuvor eines Übergriffs schuldig gemacht hätte, und auch dass sie von jetzt an jene Inschrift in keinem Punkte absichtlich übertreten und nur so regieren und gehorchen wollten, wie es den Vorschriften des Vaters entspreche. Wenn das ein jeder für sich selbst und für sein Geschlecht gelobt hatte, trank er und stellte die Schale als Weihgeschenk im Heiligtum des Gottes auf, dann wandte er sich der Mahlzeit und seinen dringlichen Geschäften zu.

Wenn aber die Nacht kam und das Opferfeuer erkaltet war, zogen sie alle ein wunderschönes dunkelblaues Gewand an und setzten sich dort, wo das Eidopfer gebrannt hatte, auf die Erde nieder, im ganzen Umkreis des Tempels löschten sie alle Feuer aus, und so, im nächtlichen Dunkel, liessen sie sich Recht sprechen und sassen selbst zu Gericht, wenn einer unter ihnen einen anderen eines Übergriffs beschuldigte. Hatten sie dann ihren Spruch gefällt, so schrieben sie, sobald es Tag wurde, das Urteil auf eine goldene Tafel, und als Erinnerung machten sie diese samt ihren Gewändern zur Weihgabe.

Auch sonst gab es manche besonderen Gesetze über die Ehrenrechte der einzelnen Könige, die wichtigsten Bestimmungen waren, dass sie niemals die Waffen gegeneinander erheben durften und dass alle zu Hilfe kommen sollten, wenn je einer von ihnen in einer Stadt den Versuch machte, das königliche Geschlecht zu vertreiben. Ferner sollten sie, wie schon ihre Vorfahren, die Beschlüsse über Krieg und andere Massnahmen gemeinsam beraten und dabei dem Geschlecht der Atlantiden den Vorrang zuerkennen. Ein König aber sollte niemals den Tod eines Verwandten verfügen können, es sei denn, dass mehr als die Hälfte der Zehn dem zustimmte.»

Platon beschreibt keineswegs, wie behauptet wird, ein Grossreich im politischen Sinne, eine kompakte Macht der Atlanter. Vielmehr skizziert er ein Bündnis. Es ging den Atlantern darum, dieses Bündnis immer wieder neu zu besiegeln durch die gemeinsame Besinnung auf die Charta und eine entsprechende Rechtsausübung. Der König, der das Zeremoniell leitete, übte im modernen Sinn Governance – konsensuelle Macht – aus, er war kein Grosskönig, der über die andern neun herrschte. Er ist nicht der König von Atlantis, sofern mit Atlantis die Gesamtheit aller zehn Staaten gemeint sein will.

Dass die Insel des Atlas in der Sagenwelt weiterlebte, ist nicht verwunderlich. Nachdem sie im Meer untergegangen war, wie der saitische Priester Solon berichtete, muss sie ins Sagenhafte entrückt worden sein.

Dies muss sich ausgewirkt haben auf die Glaubenswelten aller Menschen nördlich der Alpen im Osten wie im Westen, es floss ein in die keltische und in die germanische Mythologie. Darum ist die teilweise besser erhaltene keltische Sagenwelt eine ebenso gültige Quelle wie die germanische, wenn es darum geht, verstehen zu wollen, was in jener gemeinsamen Vorzeit wirklich passiert war.

In der walisischen und bretonischen Sagenwelt gibt es die Herrin vom See, die Königin des Wassers oder die Dame vom See. Diese mythische Gestalt ist die Wächterin der Insel Avalon. In der Artussage spielt Avalon eine wichtige Rolle. Avalon und die Herrin vom See boten Helden Schutz und Genesung, und als Abbild einer untergegangenen Insel war Avalon die Toteninsel. Das Wort Avalon kommt von der indogermanischen Wurzel *aballo* für Apfel. Walisisch als Ynys yr Afallon, Insel der Äpfel, ist Avalon unzweifelhaft das ins Sagenhafte erhobene Zentrum, das einst die Insel des Atlas, die Insel des grossen Mannsteins war, der die Sippen miteinander verband.

Die Verbindung zum Topos des Apfels und zu jenem der Genesung, des Heilens, der Ewigkeit (im Tod, aber auch in ewiger Jugend) stellt für die Insel des Atlas der Mythos vom Garten der Hesperiden, der Töchter des Abends und der Nacht her, der in unmittelbarer Nähe zu Atlas gestanden habe, zum Atlas als Himmelsträger. Die Äpfel selbst gehörten Athene (Weisheit) und verschafften ewige Jugend, Gesundheit, Integrität von Körper und Geist. Im Atlantisbericht kommen Apfelbäume, gepflegt von heiligen Jungfrauen, zwar nicht vor, dafür aber ein heiliger Hain Poseidons.

Es scheint einen mythologischen Nexus zu geben zwischen Äpfeln, ewiger Jugend, Genuss und Gesundheit, «Atlas Telamon», dem hohen Norden («Hyperboreia»), der Wintersonnenwende, dem feiern winterlicher Lichtfeste, «Apollon» und seinem Schwanenwagen, sowie einer Toteninsel der Helden, die von der Königin des Wassers, der Jungfrau vom See bewacht wird. Dabei erscheinen mehrere Kulturkreise miteinander über den *Topos* – aber auch über den *Namen* - des «Apfels» miteinander verbunden, weil sie – so unsere Vermutung - alle Anleihen beim gleichen, viel älteren, für jede direkte Kunde verlorenen Kult machten. Im späteren delphischen Mythos entschwindet «Apollon»[17] jedes Jahr, in einem Wagen stehend und von Schwänen gezogen, zur Wintersonnenwende für

---

[17] «Apollon», «Avalon», «Apfel» sind späte Namen, Masken, die mit dem Aufgeblähten, Geballten, Phallischen, Glänzenden, Strahlenden, Kraftbringenden, Fruchtbaren gedeutet werden können, das einst in Gestalt des Mann-Gottes der

drei Monate in seinen «alten Garten» (d.h. in einen «Apfelgarten») in «Hyperboreia», wo er Feste feiert, ehe er wieder in den Süden zurückkehrt. Umgekehrt schmückt man in diesem Norden noch heute gedankenlos um die Zeit der Wintersonnenwende einen Baum mit Früchten (heute freilich lieber mit Schokolade...) und leuchtenden Accessoires (Kerzen, Kugeln, Lametta, etc.), nennt ihn Christbaum, weil man diesen letztlich uralten Kult inzwischen ebenso gedankenlos mit der Geburt eines neuen «Erlösers» verknüpft hat, der die Stelle «Apollons» einnimmt, der seinerseits (als «Frucht», als «Strahlender», als «Junge») die Sonne vertreten haben muss, um deren zeugende Kraft es uranfänglich gegangen war.

Frau-Erde beiwohnte, zielsicher und zweckvoll in sie drang, ihr dadurch ihre Gestalt verlieh, sie «tragend» machte, ewig ins Gleiche zurückzukehren, im nächsten Jahr, im nächsten Paar. Je weiter nördlich, umso länger blieb den Menschen die Sonne treu, die das alles auch verkörperte, und ohne die es nur «Eiszeiten» gäbe.

172

Ein Schluss

Ich traf Inkuba ein letztes Mal in einem Spielwarenladen, in den ich eingetreten war, nicht darauf achtend, dass das Herrenkleidergeschäft von nebenan hier keinen Eingang besass. Sie stand hinter dem Tresen und klebte Briefumschläge zu, so vertiefst darin, dass sie nichts um sich herum wahrnahm. Ihr Haarbusch und ihre Gestalt zitterten vor Aufmerksamkeit. Die Umschläge waren violett und mit Gold- und Silbersternen übersät.

Sie liess alles liegen, als ich sie rief, umkurvte den Tresen und bedeckte mich mit schmatzenden, feuchten Küssen. Vermisst! presste sie hervor, leichenblass im Gesicht und erregt. Hast du heute Abend Zeit? fragte ich. Tu das, erstrahlte sie unter ihrer schneeweissen Schminke. Hier hast du das Büchlein, du weisst schon, Atlantis in Kopenhagen. Was?! schrie sie, du hast es geschrieben? Du spinnst doch! Wozu denn das? Es ist verrückt. Ich schrieb es für dich, Inkuba. Für mich? Wer bin ich denn? Du hast dir so viel Zeit genommen, um etwas für mich zu schreiben? Mein Gott, was bist du nur für ein Arschloch! Ich liebe dich, Han Solon. Ich werde es aber nicht lesen.

Da wusste ich, dass sie recht hatte. Sie blieb bei der Sache. Während ich, ich hatte mich verirrt und war bloss gescheit gewesen. Sie, so tot sie war, sie lebte.

QUELLENTEXT

Kritias[18]

(...) Am Meere, etwa in der Mitte der ganzen Insel, lag eine Ebene, man sagt, sie sei die schönste aller Ebenen gewesen und von reichlicher Fruchtbarkeit. Am Rande dieser Ebene, etwa fünfzig Stadien gegen das Innere der Insel zu, erhob sich ein durchweg niedriges Gebirge. Dort oben hatte sich einer der Menschen angesiedelt, die zu Anbeginn in jener Gegend aus der Erde entstanden waren. Er hiess Euenor und wohnte zusammen mit seinem Weib Leukippe, die beiden hatten eine einzige Tochter namens Kleito. Als das Mädchen eben in das mannbare Alter gekommen war, starben ihr Mutter und Vater, Poseidon aber gewann sie lieb und vereinigte sich mit ihr. Und er machte die Anhöhe, wo sie wohnte, zu einem wohlbewehrten Platz, indem er sie rundherum abbrach und Ringe darumzog, abwechselnd von Wasser und von Land, zuerst kleiner und dann immer grössere, und zwar zwei aus Land und drei aus Wasser, wobei er sie gewissermassen von der Mitte dieser Insel aus ringsum abzirkelte, nach allen Seiten mit den gleichen Abständen, so dass der Hügel für die Menschen unzugänglich war, denn Schiffe und Schifffahrt gab es damals noch nicht. Und was für ihn als Gott ja eine Leichtigkeit war: er stattete die Insel, die da in der Mitte lag, aufs schönste aus, indem er zwei Quellwasser aus der Erde aufsprudeln liess, von denen das eine warm, da andere kalt aus einem Brunnen floss, und indem er aus dem Boden mannigfache und ausreichende Nahrung hervor gab.

---

[18] Platon, Timaios und Kritias, Insel, 1991

Zunächst überbrückten sie die Wasserringe um die alte Mutterstadt herum und bahnten damit einen Weg nach ausser und zurück zum Königspalast. Das war der Palast, den sie gleich am Anfang in diesem Wohnsitz des Gottes und ihrer Vorfahren errichtet hatten. Jeder Herrscher übernahm ihn von seinem Vorgänger und stattete, was dieser schon ausgestattet hatte, noch weiter aus und suchte dabei den früheren nach Möglichkeit zu übertreffen, bis sie schliesslich ihren Wohnsitz so vollendet ausgebaut hatten, dass jeder, der ihn sah, von seiner Grösse und Schönheit überwältigt wurde.

Sie gruben vom Meere aus einen Durchstich von drei Plethren in der Breite, hundert Fuss in der Tiefe und fünfzig Stadien in der Länge bis zum äussersten Ring und bahnten auf diesem Wege aus dem Meere zu ihm eine Einfahrt wie zu einem Hafen, wobei sie die Einmündung weit genug öffneten, dass auch die grössten Schiffe einlaufen konnten. Darauf durchbrachen sie aber auch die Gürtel aus Erde, welche die Wasserringe voneinander trennten, auf der Höhe der Brücken, und zwar so weit, dass eine einzelne Triere von einem Wasserring in den andern hindurchfahren konnte, und überdachten den Durchgang, so dass die Durchfahrt unter Dach verlief, die obere Randhöhe der Erdgürtel stand nämlich genügend hoch über dem Meeresspiegel.

Der grösste Gürtel aber war der, zu welchem dem Meer ein Zugang geöffnet war, er mass drei Stadien in der Breite, und der anschliessende Erdgürtel war ebenso breit, von den beiden nächsten war der Wasserring zwei Stadien breit und der trockene wiederum gleich wie der flüssige davor, ein Stadion schliesslich mass der Ring, der in der Mitte unmittelbar um die Insel herumlief. Die Insel, auf der sich der Königspalast befand, hatte einen Durchmesser von fünf Stadien. Diese Insel und die Ringe und die Brücke, deren Breite eine Plethre betrug, umgaben sie von beiden Seiten mit einer steinernen Mauer und errichteten auf den Brücken Türme und Tore, überall dort, wo vom Meer her die Durchgänge waren. Dein Stein dazu brachen sie ringsum von den Abhängen der Insel, die in der Mitte lag, und von der äusseren und inneren Seite der Ringgürtel, zum Teil waren diese Steine weiss, zum Teil schwarz und zum

Teil auch rot. Und indem sie diese Steine herausbrachen, hoben sie gleichzeitig an der Innenseite zwei Tiefe Becken als Docks für die Schiffe aus, die vom Felsen selbst überdacht waren. Ihre Bauten waren zum Teil einfarbig, bei den anderen wechselten sie mit den Steinsorten ab und gestalteten sie in bunten Farben, aus lauter Spielerei, wobei sie ihnen eine natürliche Anmut verliehen. Und die Mauer, die um den äussersten Ring herumlief, umkleideten sie in ihrem ganzen Umkreis mit Erz, wobei sie von diesem gleichsam einen Überzug machten, die innere Mauer übergossen sie mit Zinn und diejenige um die Burg selbst mit Oreichalkos, das wie Feuer funkelte.

KRITIAS, ABSCHNITT F

(So waren also die ganzen Einrichtungen um den Königspalast herum.) Wenn man aber die äusseren Häfen, drei an der Zahl, durchquert hatte, so stiess man auf eine Ringmauer, die ihren Ausgangspunkt beim Meere hatte und die überall in ihrem Verlauf fünfzig Stadien vom grössten Ring, der den grössten Hafen bildete, entfernt war und sich dort, wo der Durchstich zum Meer einmündete, wieder zusammenschloss. Dieser ganze Raum war von vielen dichtgedrängten Häusern besetzt. Die Ausfahrt und der grösste Hafen aber waren überfüllt von Schiffen und von Kaufleuten, die aus allen Richtungen herkamen und mit ihrer Menschenmenge Tag und Nacht ein lautes Stimmengewirr und ein vielfältiges Getümmel verursachten. (Über die Stadt und wie es um die Residenz herum nach deren Gründung aussah, habe ich nun so ziemlich das berichtet, was man damals überliefert hat.)

KRITIAS, ABSCHNITT G

(Über die Stadt und wie es um die Residenz herum nach deren Gründung aussah, habe ich nun so ziemlich das berichtet, was man damals überliefert hat). Und nun muss ich zu erzählen versuchen, wie das übrige Land von Natur beschaffen war und welcher Art seine Einrichtungen waren. Zunächst einmal soll das ganze Land sehr hoch gelegen und vom Meer steil aufgestiegen sein, nur um die Stadt herum sei eine grosse Ebene gewesen und habe diese rings umgeben. Sie war aber ihrerseits wieder rundum von Bergen bekränzt, die sich bis zu Meer erstreckten, es war eine flache und gleichmässige Ebene, als Ganzes von länglicher Form, die sich in der Länge auf beiden Seiten über dreitausend Stadien, in der Breite, vom Meere aufwärts, über zweitausend Stadien ausdehnte. Dieser Teil der ganzen Insel lag gegen Süden zu, gegen den Nordwind abgeschirmt. Von den Bergen, die ihn umgaben, rühmte man seinerzeit, dass sie an Anzahl und Grösse und Schönheit alle heutigen übertroffen hätten, und es habe auf ihnen viele reiche Dörfer der ringsum wohnenden Bevölkerung gegeben, und Flüsse und Seen und Wiesen mit genügender Nahrung für alle Haustiere und alles Wild, und einen Waldbestand, der in seiner Ausdehnung und mit seinen mannigfachen Holzarten das Material für alle Arbeiten im gesamten und zu allen Zwecken in reichem Masse lieferte.

KRITIAS, ABSCHNITT H

Diese Ebene nun war von Natur und durch die Arbeit vieler Könige im Verlauf einer langen Zeit auf folgende Weise ausgestaltet worden. Im Grossen und Ganzen bildete sie ein langgestrecktes Rechteck, wo die Seiten nicht gerade verliefen, waren sie durch einen Graben, den man ringsum ausgehoben hatte, geradegerichtet. Wenn uns einer sagt, wie tief und wie breit und wie lang dieser gewesen sei, so kann man fast nicht glauben, dass dieses von Menschenhand geschaffene Werk, verglichen mit anderen Bauwerken dieser Art, solche Grösse gehabt habe, und doch muss ich erzählen, was ich gehört habe. Ein Plethron tief wurde der Graben ausgehoben, seine Breite betrug überall ein Stadion, und da er rings um die ganze Ebene herumgezogen war, ergab sich eine Länge von zehntausend Stadien. Er nahm alle Wasserläufe, die von den Bergen herabkamen, in sich auf, und nachdem er um die Ebene herumgeführt und sich der Stadt von beiden Seiten genähert hatte, liess er sie dort ins Meer fliessen. Von seinem oberen Laufe (landeinwärts) her waren aber in gerader Richtung Kanäle von etwa hundert Fuss Breite in die Ebene eingeschnitten, die in der Gegend des Meeres wieder in den (grossen) Graben mündeten und voneinander hundert Stadien entfernt waren. Auf diesen führten sie das Holz aus den Bergen in die Stadt, und auch die übrigen Produkte brachten sie auf ihren

Schiffen zur Erntezeit heran, weshalb sie Querverbindungen von den einzelnen Kanälen in die anderen und zu der Stadt hin gegraben hatten. Somit konnten sie auf ihrem Land zweimal im Jahr Ernte halten: im Winter dank dem Regenwasser, das Zeus ihnen spendete, und im Sommer dank dem Wasser, das ihnen das Land selbst bot, indem sie es aus den Kanälen zuleiteten.

KRITIAS, ABSCHNITT E

Dort [auf den äusseren Ringen] waren denn auch viele Tempel für manche Gottheiten, auch viele Gärten und viele Gymnasien angelegt für Leibesübungen der Männer, während die Übungsplätze für die Pferde abseits auf den beiden Inseln zwischen den Wasserringen lagen. So hatten sie unter anderem mitten auf der grösseren dieser Inseln den Platz für eine Rennbahn ausgewählt, sie mass ein Stadion in der Breite, und in ihrer Länge um den ganzen Ring bot sie Raum für den Wettlauf der Pferde. Um sie herum aber lagen auf beiden Seiten die Kasernen für den Grossteil der Leibwächter, den zuverlässigeren aber war die Wache auf dem kleineren Erdring anvertraut, welcher näher an der Akropolis lag, und denjenigen, die sich vor allen anderen durch ihre Treue auszeichneten, waren die Unterkunftsräume im Innern der Burg, unmittelbar um den Königspalast zugewiesen. Die Werften aber waren angefüllt mit Dreiruderern und mit all den Gerätschaften, die zur Ausstattung dieser Schiffe gehören, und alles das lag in genügender Menge bereit.

KRITIAS, ABSCHNITT D

Der Königspalast innerhalb der Akropolis war folgendermassen angelegt: In der Mitte stand dort das der Kleito und dem Poseidon geweihte Heiligtum, ohne Zugang, von einem goldenen Gehege umgeben, und zwar an der Stelle, wo die beiden ganz am Anfang das Geschlecht der zehn Herrscher gezeugt und geboren hatten. Dahin brachten sie auch jedes Jahr aus allen zehn Landesteilen einem jeden der beiden die Früchte der Jahreszeit als Opfergaben. Der Tempel des Poseidon selbst war ein Stadion lang, drei Plethren breit und von einer Höhe, die damit sichtlich übereinstimmte, doch hatte er in seinem Aussehen etwas Barbarisches. Auf der Aussenseite umkleideten sie den Tempel mit Silber, ausser der Giebelbekrönung: die war vergoldet. In seinem Inneren aber sah man die Decke ganz aus Elfenbein und bunt geschmückt mit Gold und Silber und Oreichalkos, alles andere aber, die Wände und die Säulen und den Boden überzogen sie mit Oreichalkos. Und sie stellten goldene Bildsäulen darin auf, den Gott als Wagenlenker, wie er auf einem Wagen mit sechs geflügelten Pferden steht, so gross, dass er mit seinem Scheitel die Decke berührt. Ring um ihn aber waren hundert Nereiden, auf Delphinen reitend - damals glaubte man, dass es so viele gebe, und noch viele andere Bildwerke waren im Tempel, Weihgeschenke von Privatleuten. Und ausserhalb standen rings um ihn herum die goldenen Bildwerke aller zehn Könige und ihrer Frauen und sämtlicher Nachkommen und viele andere Weihgeschenke von Königen und von Privatleuten aus der Stadt selbst und aus all den auswärtigen Gebieten, die sie beherrschten. Und der Altar stimmte in seiner Grösse und Ausführung mit dieser ganzen Pracht überein, und ebenso war der Königspalast der Grösse des Reiches angemessen und angemessen auch der ganzen Tempelanlage.

Die beiden Quellen aber, die mit dem kalten und die mit dem warmen Nass, waren von reicher Fülle und mit ihrem Wohlgeschmack und der Güte des Wassers zum Genusse wunderbar geeignet, die Bewohner nutzten sie, indem sie rings darum ihre Häuser aufstellten und Baumpflanzungen anlegten, die dem Wasser entsprachen. Und ringsum richteten sie Bassins ein, die einen unter freiem Himmel, die anderen unter einem Dach für die warmen Bäder im Winter. Die königlichen Bäder waren von den privaten abgesondert, noch andere gab es für die Frauen und wieder andere für die Pferde und die sonstigen Zugtiere, und alle richteten sie so ein, wie es zur Ausstattung eines jeden dienlich war. Das abfliessende Wasser aber leiteten sie zum Hain des Poseidon, der dank seinem trefflichen Boden einen mannigfaltigen Bestand von wunderbar schönen und hohen Bäumen hatte, und führten es durch Kanäle den Brücken entlang zu den äusseren Ringen.

Was nun die Zahl der Bewohner in der Ebene betrifft, so war festgesetzt, dass jedes Landlos für seine kriegstauglichen Männer einen Anführer zu stellen hatte. Die Grösse eines Landloses aber betrug ungefähr zehn auf zehn Stadien, und im Ganzen gab es sechzigtausend davon. Die Zahl der Menschen dagegen, die vom Gebirge und vom übrigen Lande kamen, sei unermesslich, und alle waren nach Landschaften und Dörfern je einem dieser Landlose und seinem Anführer zugeteilt. Es bestand nun die Regelung, dass jeder Gruppenführer den sechsten Teil eines Kampfwagen stellte, bis es im ganzen zehntausend Wagen waren, ausserdem zwei Pferde mit ihren Reitern, dazu ein Zweigespann, doch ohne Wagenkorb, auf dem ein Krieger mit einem leichten Schild stand und neben diesem der Wagenlenker der beiden Pferde, ferner zwei Schwerbewaffnete und je zwei Bogenschützen und Schleuderer, an Leichtbewaffneten sodann je drei Steinwerfer und Speerschützen und schliesslich vier Seeleute zur Bemannung von zwölfhundert Schiffen. So war das Kriegswesen der Königsstadt geordnet, in den neun anderen Landesteilen aber war es jedes Mal wieder anders, doch das aufzuzählen würde zu lange dauern.

An Nachkommen männlichen Geschlechts erzeugte er [Poseidon] fünf Zwillingspaare und zog sie auf. Und er teilte die ganze Insel Atlantis in zehn Stücke und gab dem älteren des ersten Zwillingspaares das mütterliche Haus mit seinem Umschwung als Anteil, das war das grösste und beste Stück. Auch setzte er ihn zum König über die andern ein, diese machte er zu Statthaltern und gab einem jeden die Herrschaft über viele Menschen und über ein weites Landgebiet. Ihnen allen gab er Namen, dem ältesten und Könige aber jenen, von dem auch die ganze Insel und das Meer seine Bezeichnung hat, es wurde nämlich das atlantische genannt, weil der erste, der damals als König regierte, Atlas hiess. Sein Zwillingsbruder, der nach ihm geboren war erhielt als Anteil die Anhöhen der Insel nach den Säulen des Herakles hin, gegen das heutige Gebiet von Gadeira, das nach dem damaligen Ortsnamen so heisst. Ihn nannte Poseidon auf Griechisch Eumelos, in der Landessprache aber Gadeiros, was denn wohl auch dem Gebiet den Namen gegeben hat. Und vom zweiten Zwillingspaar nannte er den einen Ampheres, den andern Euaimon, vom dritten den zuerst geborenen Mneseus, den, der nachher kam, Autochthon. Vom vierten Paar nannte er den älteren Elasippos, den jüngeren Mestor. Und der Erstgeborene des fünften Paares erhielt den Namen Azaes, der Zweitgeborene den Namen Diaprepes. Diese alle und auch ihre Nachkommen wohnten also hier viele Menschenalter lang und regierten auch über zahlreiche andere Inseln des Meeres, und zudem dehnten sie, wie ich schon vorher erwähnt habe, ihre Herrschaft auf die herwärts innerhalb (der Säulen des Herakles) Wohnenden aus, bis nach Ägypten und Tyrrhenien.

KRITIAS, ABSCHNITT B2

Von Atlas nun stammte auch wieder ein grosses und hochgeehrtes Geschlecht, König war stets der älteste, und indem er wiederum dem ältesten seiner Nachkommen die Königsherrschaft übergab, erhielten sie sich diese viele Generationen lang. Und an Reichtum besassen sie eine solche Fülle, wie es sie früher noch nie in irgendwelchen Königshäusern gegeben hatte und wie es sie auch nicht leicht je wiedergeben wird, und es stand ihnen alles zur Verfügung, was in der Stadt und im übrigen Lande beschafft werden musste. Denn dank ihrer Herrschaft flossen ihnen grosse Einkünfte von den auswärtigen Gebieten zu, das meiste indem zum Lebensunterhalt lieferte die Insel selbst. Zuerst alles, was im Bergbau an harten und geschmolzenen Metallen geschürft wird, auch das, wovon wir heute nur noch den Namen kennen, das aber damals mehr als nur ein Name war, nämlich den Oreichalkos, den man an vielen Orten der Insel schürfte und das nächst dem Golde unter den Menschen jener Zeit am höchsten geschätzt wurde. Und ferner, was der Wald den Zimmerleuten für ihre Arbeit liefert, das brachte die Insel in reichlichem Masse hervor, und im Weiteren ernährte sie ausreichend zahme und wilde Tiere. Sogar die Elefanten waren hier besonders zahlreich, denn es war genügend Nahrung vorhanden, nicht nur für all die andern Tiere, die in den Sümpfen und Seen und Flüssen leben, und auch für die, welche auf den Bergen und in den Ebenen weiden, sondern eben auch für den Elefanten, welcher das grösste Tier ist und am meisten frisst. Und was im Weiteren jetzt die Erde irgendwo an Wohlgerü-chen hervorbringt, sei es von Wurzeln oder von Gras oder von Hölzern oder von Säften, die von Blüten oder Früchten herabträufeln - auch das alles brachte die Insel hervor und liess es wohl gedeihen. Und weiter: die veredelte Frucht und die trockene Frucht, die uns zur Nahrung dient, und was wir dazu noch als Speise verwenden - alle die verschiedenen Arten, die wir als Hülsen-früchte bezeichnen -, sodann die baumartige Frucht, die uns Getränk und Speise und Salböl liefert, und jene, die hoch oben auf dem Baume wächst, schwer aufzubewahren ist und uns zum Spiel und zum Vergnügen dient, ferner das, was wir als erwünschte Linderungsmittel gegen den überfüllten Magen als Nachspeise einem vorsetzen, der vom Essen übersättigt ist - alles das brachte die heilige Insel, die damals noch im Sonnenlichte lag, hervor, schön und zum Staunen und in unerschöpflicher Fülle. Und die Bewohner nahmen das alles von der Erde in Empfang und bauten Heiligtümer und königliche Paläste, Häfen und Schiffswerften und verschönten das ganze übrige Land, wobei sie in fol-gender Ordnung vorgingen: (es folgt Abschnitt C).

KRITIAS, ABSCHNITT K

Für die Ausübung der Macht und für das Strafwesen aber galten von An-fang an folgende Regelungen. Von den zehn Königen übte ein jeder in dem ihm bestimmten Gebiet die Macht aus: er regierte über die Männer in seiner Stadt und befand über die meisten Gesetze, wobei er bestrafen und hinrichten liess, wen immer er wollte. Ihre gegenseitigen Machtverhältnisse aber und ihre ge-meinsamen Beziehungen beruhten auf Anordnungen des Poseidon, wie es ihnen der herkömmliche Brauch überliefert hatte und eine Inschrift, die von den ersten Königen auf einer Säule aus Oreichalkos aufgezeichnet war. Diese stand in der Mitte der Insel im Heiligtum des Poseidon, dort kamen sie ab-wechselnd jeweils im fünften oder im sechsten Jahr zusammen, womit sie die geraden und die ungeraden Zahlen zum gleichen Recht kommen liessen. An diesen Zusammenkünften berieten sie über ihre gemeinsamen Angelegenhei-ten, sie prüften, ob sich einer von ihnen eines Übergriffs schuldig machte, und hielten darüber Gericht. Und wenn sie sich zu diesem Gericht anschickten, gingen sie zuerst gegenseitig eine Treueverpflichtung ein, und zwar in folgender Form. Im heiligen Bezirk des Poseidon wurden einige Stiere freigelassen, die zehn Könige blieben für sich allein, und nachdem sie zum Gott gebetet hatten, er solle sie das ihm wohlgefällige Opfer fangen lassen, machten sie auf die Tiere Jagd, und zwar ohne eiserne Waffen, nur mit Knüppeln und Schlingen, den Stier, den sie fingen, führten sie zur Säule und schlachteten ihn an ihrer Spitze, gerade über jener Inschrift. Auf der Säule aber war ausser den Gesetzen auch eine Schwurformel angebracht, mit schweren Verwünschungen gegen die, welche ihnen nicht gehorchten. Wenn sie nun gemäss ihren Bräuchen den Stier geopfert und alle seine Glieder geweiht hatten, füllten sie einen Mischkrug und warfen für jeden ein Klümpchen geronnenes Blut hinein. Alles Übrige brachten sie ins Feuer, nachdem sie zuerst ringsum die Säule gereinigt hatten. Dann schöpften sie mit goldenen Schalen aus dem Mischkrug, gossen eine Spende ins Feuer und legten dann einen Eid ab, dass sie gemäss den an der Säule aufgezeichneten Gesetzen Gericht halten und dass sie es bestrafen wollten, wenn sich einer zuvor eines Übergriffs schuldig gemacht hätte, und auch dass sie von jetzt an jene Inschrift in keinem Punkte absichtlich übertreten und nur so regieren und gehorchen wollten, wie es den Vorschriften des Vaters entspreche. Wenn das ein jeder für sich selbst und für sein Geschlecht gelobt hatte, trank er und stellte die Schale als Weihgeschenk im Heiligtum des Gottes auf, dann wandte er sich der Mahlzeit und seinen dringlichen Geschäften zu.

Wenn aber die Nacht kam und das Opferfeuer erkaltet war, zogen sie alle ein wunderschönes dunkelblaues Gewand an und setzten sich dort, wo das Eidopfer gebrannt hatte, auf die Erde nieder, im ganzen Umkreis des Tempels löschten sie alle Feuer aus, und so, im nächtlichen Dunkel, liessen sie sich Recht sprechen und sassen selbst zu Gericht, wenn einer unter ihnen einen anderen eines Übergriffs beschuldigte. Hatten sie dann ihren Spruch gefällt, so schrieben sie, sobald es Tag wurde, das Urteil auf eine goldene Tafel, und als Erinnerung machten sie diese samt ihren Gewändern zur Weihgabe.

Auch sonst gab es manche besonderen Gesetze über die Ehrenrechte der einzelnen Könige, die wichtigsten Bestimmungen waren, dass sie niemals die Waffen gegeneinander erheben durften und dass alle zu Hilfe kommen sollten, wenn je einer von ihnen in einer Stadt den Versuch machte, das königliche Geschlecht zu vertreiben. Ferner sollten sie, wie schon ihre Vorfahren, die Beschlüsse über Krieg und andere Massnahmen gemeinsam beraten und dabei dem Geschlecht der Atlantiden den Vorrang zuerkennen. Ein König aber sollte niemals den Tod eines Verwandten verfügen können, es sei denn, dass mehr als die Hälfte der Zehn dem zustimmte.

Timaios[19]

Von vielen grossen Taten, die ihr und eure Stadt [Athen] vollbracht habt, liest man hier mit Bewunderung, doch eine ragt unter allen durch ihre Grösse und Heldenhaftigkeit hervor. Die Aufzeichnungen berichten nämlich, wie eure Stadt einst einer gewaltigen Macht [Atlantis] das Ende bereitet hat, als diese vom atlantischen Meer aufgebrochen war und in ihrem Übermut gegen ganz Europa und Asien heranzog. Damals konnte man nämlich das Meer dort noch befahren, denn vor der Mündung, die ihr in eurer Sprache die Säulen des Herakles nennt, lag eine Insel, und diese Insel war grösser als Libyen und Kleinasien zusammen. Von ihr gab es für die Reisenden damals einen Zugang zu den anderen Inseln, und von diesen auf das ganze Festland gegenüber rings um jenes Meer, das man wahrhaft so bezeichnen darf. Denn alles, was innerhalb der erwähnten Mündung liegt, erscheint wie eine Hafenbucht mit einer engen Einfahrt, jenes aber kann man wohl wirklich als ein Meer und das darum herum

---

[19] Platon, Timaios und Kritias, Insel, 1991, sowie: Platon, Timaios, Meiner, 1992

liegende Land in Tat und Wahrheit und im vollen Sinne des Wortes als ein Festland bezeichnen.

Auf dieser Insel Atlantis nun gab es eine grosse und bewundernswerte Königsherrschaft, die sowohl über die ganze Insel als auch über viele andere Inseln und über Teile des Festlands ihre Macht ausübte, zudem regierten diese Könige auf der gegen uns liegenden Seite über Libyen, bis gegen Ägypten hin, und über Europa bis nach Tyrrhenien.

Diese Macht also versammelte sich einst zu einem Heereszug und machte den Versuch, sich das ganze Gebiet bei euch und bei uns und alles, was diesseits der Mündung liegt, in einem einzigen Ansturm zu unterjochen. Damals nun, Solon, wurde die Kraft eurer Stadt mit ihrer Tüchtigkeit und Stärke vor aller Augen sichtbar, sie tat sich vor allen anderen durch ihren Mut und durch ihre Kriegskunst hervor, und so stand sie zuerst an der Spitze der Griechen, als dann aber die andern abfielen und sie notgedrungen auf sich allein gestellt war und dadurch in äusserste Gefahr geriet, da zeigte sie sich den herannahenden Feinden überlegen und konnte ein Siegeszeichen errichten, jene, die noch nicht unterworfen waren, bewahrte sie vor der Unterwerfung, und uns anderen allen, die wir diesseits der Säulen des Herakles wohnen, schenkte sie grosszügig die Freiheit wieder.

In der darauffolgenden Zeit aber gab es gewaltige Erdbeben und Überschwemmungen, es kam ein schlimmer Tag und eine schlimme Nacht, da eure ganze Streitmacht mit einem Male in der Erde versank, und ebenso versank auch die Insel Atlantis im Meer und verschwand darin. Deswegen kann man noch heute das Meer dort weder befahren noch erforschen, weil in ganz geringer Tiefe der Schlamm im Wege liegt, den die Insel, als sie sich senkte, zurückgelassen hatte.

ERWÄHNTE LITERATUR

Aristoteles, Sophistische Widerlegungen, Organon VI, Meiner, 1968

Dames, M., The Avebury Cycle, Thames on Hudson, 1996

Derungs, K. et al., Geheimnisvolles Basel, Edition Amalia, 1999

Derungs, K., Landschaften der Göttin, Edition Amalia, 2000

Derungs, K., Mythologische Landschaft Schweiz, Edition Amalia, 1998

Junkelmann, M., Die Reiter Roms, Zabern, 2008

Platon, Timaios und Kritias, Insel, 1991, sowie: Platon, Timaios, Meiner, 1992

Spanuth, J., Das enträtselte Atlantis, Union Deutsche Verlags-Gesellschaft, 1953, sowie: Spanuth, J., ...Und doch! Atlantis enträtselt! Eine Entgegnung, Union Deutsche Verlags-Gesellschaft, 1955, u.a. Veröffentlichungen

Thom, A., The Megalithic Unit of Length. Journal of the Royal Statistical Society. Series A, Vol. 125 (243-251), 1962, sowie : Megalithic Sites in Britain, Clarendon Press, 1967

Zangger, E., Atlantis. Eine Legende wird entziffert, Droemer Knaur, 1992, u.a. Veröffentlichungen (zu Troja und Atlantis)

Vierzig Jahre der Beschäftigung mit Themen, Autoren und Thesen im Umfeld verwandter Probleme haben den Geist des Buches mitgeformt.